CB049734

Preces, Encantamentos e Rituais
CELTAS

**Dados Internacionais de Catalogação na Publicação (CIP)**
**(Câmara Brasileira do Livro)**

---

D694
Dorchadas, Nathair
Preces, Encantamentos e Rituais Celtas / Nathair Dorchadas; ilustrações de Bianca de Triana Franco – São Paulo: Ogma Books, 2018.

ISBN 978-85-93697-04-3
1. Autoajuda 2. Magia Celta
I. Franco, Branca de Triana II. Título

CDD 158.1

Bibliotecária responsável: Ana Lúcia Merege – CRB 4667-CRB/7

---

**Índices para catálogo sistemático:**
1. Técnicas de autoajuda 158.1
2. Magia Celta 299.16

Nathair Dorchadas

1ª. edição
São Paulo
2019

**Capa**
Bianca de Triana Franco

**Projeto gráfico**
Ogma Books

**Diagramação e Ilustrações**
Bianca de Triana Franco

**Revisões**
Ana Leila Black de Castro
Clara Ayumi Yimada

**Revisão técnica**
Lady Mirian Black

**Fotografias dos Rituais da Ordem Walonom**
Cris Boldrini

---


**Ogma Books**
Rua Gerânios, 60, Vargem Grande Paulista-SP CEP 06730-000
www.ogmabooks.com.br
contato: sab@ogmabooks.com.br

# Agradecimentos

Gostaria de dedicar essa obra aos meus antepassados, de sangue e espirituais, aos Deuses e aos espíritos diversos que diariamente convivem conosco.

À minha mãe, mulher guerreira e única nesse mundo imenso, de quem ganhei vida e sabedoria. Meus irmãos lindos e sagazes, aos meus tios e avós e todos os familiares que de alguma forma participaram da construção de quem eu sou hoje. Meu marido, que após tanto tempo ainda consegue me fazer sentir completamente sem ar na sua presença e que sempre me ampara.

Aos membros da Ordem Walonom, os de ontem e os de hoje, por estarem presentes nos momentos mais maravilhosos da minha vida. Às sacerdotisas que estiveram ao meu lado na liderança da Ordem Leonira, Natascha, Juliana e Carla. Por último, mas não menos importante, quero dedicar esse trabalho à Bébhinn Ruadhan, nascida Viviane, sacerdotisa maravilhosa, dedicada e comprometida cuja força possibilitou-me manter a missão de uma vida.

*"Embora muitas sejam as folhas, a raiz é só uma;*
*Ao longo dos enganadores dias da mocidade,*
*Oscilaram ao sol minhas folhas, minhas flores;*
*Agora posso murchar no coração da verdade."*

***William Butler Yeats***

# Apresentação

Rezar, orar, recitar uma prece parece-me intrínseco ao ser humano. Desde que nossos corpos físicos são animados por uma fagulha divina que nos torna partes da divindade, do(s) ser(es) superior(es) que nos criou(aram), é próprio da nossa essência espiritual desejarmos manter contato com a Criação por meio de palavras faladas ou cantadas, e em algumas culturas, também pela dança.

Não tenho dúvidas de que todos sabem rezar, bastando abrirem seus corações e dirigirem-se ao ser superior segundo suas crenças.

No entanto, às vezes estamos tão angustiados, tristes, temerosos, desesperados, que simplesmente não conseguimos encontrar palavras para expressar a dor imensa que esmaga a alma. Nessas ocasiões, igualmente é comum acreditarmos que não há nada de bom que possamos dizer à divindade capaz de fazê-la nos ouvir, olhar por nós e, eventualmente, intervir, tamanha é nossa aflição e descrença em nós mesmos, nas pessoas, na vida. Outras vezes, sentimo-nos tão mal conosco que acreditamos sequer sermos dignos de elevar nosso pensamento e nossa voz ao divino.

É principalmente para esses momentos que esse livro maravilhoso foi escrito. O autor, estudioso e praticante da religião celta antiga, ao longo dos anos de contato com o público no exercício do sacerdócio, pode observar o desalento em que a maioria das pessoas que o procurava se encontrava.

Contudo, nem sempre tinha disponibilidade para atender e conversar com essas pessoas no momento que precisavam, fato este que o incomodou por longo tempo. Perguntava-se de que outra forma essas pessoas poderiam ter seu sofrimento amainado, onde poderiam encontrar palavras de força, fé, coragem, esperança no dia a dia. Por esse motivo, decidiu escrever sua versão dos encantamentos e preces celtas contidos na obra *Camina Gadelica.*

Ao longo do livro, os leitores perceberão que as preces celtas que aqui se encontram dirigem-se, num primeiro momento, a si próprios. São palavras que encontram ressonância no íntimo, são exatamente aquelas que gostaríamos de ouvir de alguém quando estamos amargurados, conduzindo-nos à serenidade da alma, tranquilizando nossos corações e mentes a despeito de todos os dilemas que estivermos enfrentando. Enquanto lemos, podemos calar interiormente permitindo que gotas de luz invadam nosso ser através dessas preces celtas.

Num segundo momento, vemo-nos convidados a meditar sobre os profundos significados de cada uma das frases e depois, de cada prece, percebendo como são poderosas, posto fazerem sentirmo-nos acolhidos, amparados e sustentados por forças muito superiores a nós: não só a força divina, seja lá o nome que cada um lhe atribua, mas a força, a sabedoria e a fé dos povos celtas que receberam do Outro Mundo essas bênçãos e que recitaram-nas em forma de encantamentos, de preces durante milênios antes de nós, alcançando curas, proteção, prosperidade, amor, felicidade.

A partir daí, a solidão e o desespero se esvaem, sabemos que não estamos sós; há uma legião de seres iluminados ao nosso redor, prontos a nos orientar, guiar, amparar e proteger. A tempestade da alma se desfaz, vem a bonança e nosso leme torna-se novamente seguro pelas mãos da divindade e da sabedoria celta ancestral. Essa é a função e o objetivo desta obra inigualável: derramar luz sobre nossos corações e espíritos nos momentos de desalento; traduzir nosso regozijo e gratidão ao celebrarmos as alegrias da vida.

Desnecessário expressar o quanto meu coração alegrou-se com este presente que meu amigo, o sacerdote Nathair, nos lega agora: o de ver essa fonte de bênçãos celtas publicada e ser convidada a apresentá-la.

É meu desejo sincero que a luz das divindades celtas possa ecoar em seu espírito hoje e sempre, abençoando-o através desses encantamentos celtas com todas as dádivas como amor, fé, alegria, força, persistência, saúde plena, bondade, prosperidade, proteção e tudo mais que for de seu merecimento.

Ao autor, agradeço imensamente essa iniciativa tão providencial, e rogo aos deuses que continue recebendo a inspiração dos Antigos, para que outras obras maravilhosas e imprescindíveis como essa possam renascer através de suas mãos, para que mais e mais pessoas se beneficiem da sabedoria e do amor infinitos das divindades por todos nós.

***Lady Mirian Black***

# Prefácio

Essa é uma obra completamente devocional. Ela não pretende fazer análises históricas ou muito complexas a respeito dos temas que apresenta; existem muitas outras nesse sentido e queria apresentar algo totalmente novo.

Este livro é para estar em sua bolsa, à mão em sua cabeceira ou no topo da sua pilha de livros, ele nasceu para ser usado. Logo ele terá orelhas e suas páginas ganharão vida através do seu frequente uso. Gaste cada folha, revisite as preces diariamente, crie hábitos. Este livro é seu melhor amigo a partir de agora, é seu colega de caminho.

Mergulhe nas páginas a seguir sempre que sentir seu coração pesando ou quando alguém precisar de uma prece sincera.

Dividi o conteúdo em três partes. Na **Primeira Parte**, descrevo um pouco sobre o que são as preces e encantamentos, como funcionam e quando usá-los. Na **Segunda Parte**, há as preces celtas adaptadas do livro *Carmina Gadelica* que são de uso diário para questões do cotidiano. Elas foram traduzidas e adaptadas de seu conteúdo cristão por mim durante anos. Usei cada uma delas em diversos momentos, melhorando-as a cada aplicação, trazendo para você sua versão mais atualizada e mais potente. A **Terceira Parte**, conta com preces ritualísticas, abarcando as rotinas possíveis de rituais dentro da espiritualidade céltica que são mais comuns. Apresento alguns conceitos de forma breve e cuidadosa, lembrando que não é o objetivo deste livro abordá-los profundamente.

# Nota

Existem muitas formas dentro da religiosidade céltica, existem linhas diferentes e pensamentos diferentes; este que apresento é apenas mais um.

Não pretendo ser o portador da verdade, portanto saiba que existem pessoas diversas, com propostas diversas.

O que trago é resultado do amor profundo pelos Celtas e sua espiritualidade, mas o amor, assim como um espelho, se apresenta de muitas formas.

Viva o amor, viva a diversidade!

# Índice

# Índice de Imagens

# Introdução

Quando me formei sacerdote na Ordem Walonom, tive que administrar, em um primeiro momento, minha total euforia com a iniciação.

Embora ela não tenha se dado da maneira formal como fazemos atualmente, foi bastante significativa para minha vida. Buscamos ao longo de nossa existência a sensação de pertencimento, encontrei a minha bastante cedo e agradeço aos Deuses todos os dias por isso. Pertencer à religião que sigo até hoje é, sem sombra de dúvida, uma das coisas que mais me faz feliz, e sou muito feliz!

Num segundo momento, deparei-me com alguns questionamentos: Qual o meu papel como sacerdote? O que devo fazer e para quem? Sou sacerdote para quê?

Tive que desconstruir toda a imagem que temos em relação a como a pessoa que ocupa esse cargo deve se posicionar frente a tudo na vida. Nosso imaginário é fortemente influenciado pelos padrões cristão e oriental de liderança religiosa e nenhum cabia nos moldes de nossos estudos sobre os Celtas, pois uns eram duros demais e outros eram ascéticos demais.

Afinal, para onde deveria me voltar para observar um modelo? Após muita reflexão decidi voltar-me para o único lugar onde estaria seguro em uma viagem reflexiva, para dentro. Emborquei, deslizando numa descida frenética para dentro de mim mesmo. Há respostas que não encontrei ainda, mas para muitas perguntas já tenho uma luz.

Como sacerdote devo, antes de mais nada, ser útil e servir minha comunidade. Familiares, amigos e clientes são minha comunidade, é para eles que vivo, aprendo e me transformo.

Dentro das estradas que abri na comunidade percebi que faltava algo, que as pessoas precisavam de uma imersão maior do que podiam ou queriam naquele momento e por isso não conseguiam interagir com as forças que são parte do meu dia a dia e são viscerais. Esse livro surge dessa reflexão e vem como resultado da interação com os Deuses.

Percebi que as pessoas queriam contato e vivência devocional em seus lares e na sua rotina, mas não queriam passar por longos processos de iniciação ou dedicação, e isso não deveria ser um problema.

Novamente a jornada começou e busquei a resposta dentro das minhas próprias necessidades em início de dedicação, eu queria poder fazer preces.

Tive formação católica e meu contato com as preces e orações era diário. Recorri a elas em diversos momentos e encontrei abrigo em meio à tempestade, encontrei deus quando orei para ele.

Por mais que eu tenha me esforçado na busca, não consegui um único livro que pudesse aproximar as pessoas dos Deuses que agora eram alvo da minha completa entrega e eu queria que elas Os encontrassem também.

Busquei na *Carmina Gadelica* a referência para a construção do que lhes apresento hoje; desde então, traduzi, adaptei e criei as mais diversas preces, algumas se perderam com o tempo e ocasiões, outras estão aqui para você e os seus.

Quero convidá-lo para um mundo repleto de magia, amor e entrega, um lugar onde poderá depositar suas dores, suas angústias e onde certamente encontrará respostas e cura. Eu encontrei!

Primeira Parte

# Conceitos Básicos

Capítulo 1

# Oração, Reza e Prece

A primeira oração que aprendi, ainda muito pequeno e na escola, nunca saiu da minha memória. Recorri a ela em diferentes momentos da minha vida, desde os períodos difíceis aos mais festivos. Sentia-me na obrigação de comungar com aquele que acreditava ser meu anjo da guarda.

À medida que minhas realidades foram se transformando, minhas crenças seguiram o mesmo fluxo e pude notar que tal oração não correspondia mais àquilo que estava dentro do meu coração; ela seguia um roteiro bastante simples e curto, eu queria falar mais!

A bem da verdade, aquilo que eu fazia não era uma oração, era uma reza. Cabia a mim, dentro da minha devoção, apenas repetir palavras escritas por alguém que eu sequer sabia se existia de fato. Aí aprendi a orar!

Quando falamos em orações, a imagem que vem à mente, da estética cristã, é quase sempre a de uma pessoa de joelhos postos no chão, mãos unidas sobre o peito ou sobre o rosto em posição quase de clemência.

Unido a isso, ainda podemos perceber que, de modo geral, as pessoas costumam esperar receitas de preces prontas e pontuais como as voltadas para o amor, para proteção ou para algo tão específico quanto possível.

Na realidade, as práticas devocionais existem há tanto tempo quanto existe religião; a prece é uma ação íntima e pessoal de conexão com o sagrado variando de um local para outro, mantendo particularidades e similaridades. Com o paganismo céltico não é diferente.

Embora exista um entendimento aproximado dessas ações, será importante para o trabalho mágico perceber a sutileza que envolve tais atos:

a ***Oração*** acontece quando verbalizamos uma série de sentimentos e situações, abrindo nosso coração em uma conversa com o sagrado, de maneira a estabelecer uma espécie de troca com nossos Deuses e Deusas de devoção. Tem teor menos estruturado e não segue uma lógica ou modelo pronto, soando como algo informal. Pressupõe intimidade pré-estabelecida ou confiança extrema na entidade à qual as palavras são dirigidas.

Dentro das práticas baseadas na espiritualidade céltica atual, é comum termos momentos de oração com os espíritos locais, com espíritos célticos, Deuses e Deusas, antepassados de sangue e espírito ou, ainda, com as forças da Natureza como a Lua ou o Sol. Adiante, falarei um pouco sobre estes seres.

a ***Reza*** possui caráter mais elaborado e pronto; a pessoa reproduzirá palavras escritas que possuem certo propósito final. São versos tradicionais e estabelecidos por ancestralidade. Quando utilizamos modelos prontos de livros, revistas ou de alguém que admiramos, estamos rezando.

a ***Prece*** é entendida comumente como uma reza ou oração curta, com poucos versos, sendo, portanto, mais direta e objetiva.

## A quem dirigimos nossas orações, rezas e preces

Como expliquei anteriormente, podemos dirigir nossas intenções tanto para Deuses e Deusas quanto para os mais diversos seres dos mitos e folclores.

Nossos Deuses não possuem as características do deus cristão, não são oniscientes, onipotentes, nem onipresentes, logo, precisamos convidá-los a interagir conosco e em nossas vidas, sendo necessário contar-lhes o que se passa.

Quando um cristão ora, está suplicando pela bondade ou clemência de seu deus, sabendo que ele está a par de tudo porque, afinal, tudo é coordenado por ele. Quando reza, está pedindo para deus considerar ou reconsiderar alguma decisão que tenha tomado para a sua vida.

Ao orarmos estamos desabafando e contado aos nossos Deuses o que estamos passando para que tomem conhecimento, dando-nos o conforto de um ombro amigo e ponderando até onde podem atuar interferindo em nossos caminhos. Somos completamente responsáveis por tudo o que acontece em nossas vidas, não há uma força superior brincando de jogos conosco.

O ideal ao dirigir-se a uma divindade, principalmente nas primeiras vezes, é através de orações, estabelecendo comunicação limpa e orgânica, como uma conversa franca entre duas pessoas que se amam.

Isso não é uma regra, mas uma dica valiosa que poderá ajudá-lo a estabelecer uma relação bastante forte com uma ou mais divindades.

Adiante neste livro compartilharei algumas preces e rezas muito poderosas que o ajudarão em diversos momentos.

Encantamentos são intenções que se traduzem em palavras pronunciadas dentro de um contexto mágico.

Existem fórmulas prontas e antiquíssimas que são de grande eficácia, no entanto, ainda que palavras mágicas tenham sido ditas por muito tempo pelos praticantes de diferentes religiões do mundo, elas podem não lhe dizer nada.

O centro nevrálgico das artes mágicas é a compreensão por parte da pessoa envolvida na ação; qualquer movimento sem o claro entendimento perderá de pronto seu propósito e desvanecerá.

Para que uma prece ou reza tenha poder de encantamento, será necessária a completa compreensão daquilo que está sendo falado, desde seu contexto causal ao folclórico/mitológico. A simples ação de repetir palavras sem senti-las não terá nenhum impacto nas movimentações energéticas.

Outro ponto importante é a repetição ordenada do encantamento certo número de vezes que seja significativo para você ou sua tradição. Por exemplo, você pode seguir o padrão ocidental baseado nas tabelas numerológicas ou, então, considerar os números três, nove e seus múltiplos. Para as sociedades célticas esses números tinham crucial importância e podem criar uma atmosfera bastante interessante.

## Como transformar reza em encantamento?

A simples ação de repetir algumas palavras ganhará novo significado se você souber exatamente o que está falando e que ponto pretende atingir.

Você pode proferir encantamentos para si ou para terceiros, mas tenha certeza que no primeiro caso haverá muito mais energia e intenção envolvidas, essa será a chama mais poderosa que alimentará as forças com as quais trabalhará.

Escolha uma das rezas ou preces deste livro e estude-a até apreender integralmente o seu significado. Medite sobre suas palavras durante pelo menos três dias, pesquise elementos relacionados e faça uma imersão no seu simbolismo.

Se a prece falar no mar, busque referências que despertem seus sentidos, veja fotos, ouça o som da água tocando a areia (não precisa se dirigir ao mar, basta procurar algum arquivo de áudio relevante). Não importa onde encontrará os elementos para sua percepção, o importante é envolver seus sentidos e fazer todo o seu ser perceber cada detalhe a ser dito.

Quando sentir que é capaz de falá-la sem consultar o papel, será sinal de que já terá um encantamento eficaz. Não cometa o erro de tentar simplesmente decorá-la: se essa for sua preocupação, pare imediatamente! Qualquer pessoa é capaz de repetir palavras, poucas são as que lhes dão vida.

---

Um encantamento sempre deve ser pronunciado em alto e bom som. Evite fazê-lo mentalmente ou apenas movimentando os lábios, mesmo que na presença de outras pessoas. A repetição mental pode levá-lo ao erro ou confusão, e nunca ignore o poder do som de sua voz, é a sua identidade sonora.

## Capítulo 3

# O poder das preces

Um dia iniciado com uma prece torna-se sacro pela ação, contato esse imediato com as forças sagradas que abrem um canal direto entre você e tudo o que o cerca.

Atuei na área da saúde por muitos anos cuidando de pacientes, não raro em estado terminal, observando diversas situações durante esse período e, certamente, o que mais me tocou foi o poder da oração.

A rotina hospitalar é árdua, o entra e sai de médicos, enfermeiros, técnicos de enfermagem e familiares causam impacto profundo no descanso que a pessoa convalescente precisa.

Vi, também, inúmeros membros de igrejas passeando aleatoriamente pelos corredores dos hospitais, carregando seu livro sagrado e dúzias de preces impressas.

No início da minha carreira pensava naquilo como algo oportunista e sem nenhuma aplicação prática, no entanto, pude perceber com o passar do tempo que os pacientes reagiam positivamente às orações e ladainhas que enchiam os quartos, a ponto de muitos aguardarem em pé nas portas de seus aposentos pelos pastores e obreiros cristãos.

Todo esse cenário fez-me perceber que o paganismo como um todo costuma ignorar o poder de uma prece, rotulando-a como algo simples e sem muito efeito, deixando de lado um elemento básico em todas as religiões conhecidas: o contato diário com o sagrado.

A prece não visa substituir o rito, muito menos celebrações sazonais; a bem da verdade, são coisas absolutamente diferentes e têm objetivos finais muito distintos.

Enquanto o rito possui moldes aos quais devemos nos adaptar, cumprindo protocolos e passos para que cheguemos ao resultado imaginado, a prece busca aquecer o coração, aliviar a cabeça e nos conectar com o divino de maneira fluida e orgânica.

Em 2012, iniciei um projeto pessoal chamado "Naoiche" (**Naol** em gaélico significa "*nove*" e **Oiche** significa "*noite*"), cujo objetivo era oferecer amparo emocional e espiritual através de preces à Deusa Brighid durante o período de nove noites, uma espécie de "novena brighidiana".

Inicialmente, alguns poucos nomes surgiram, mas o número foi crescendo, de maneira que no último realizado por mim, recebi mais de cento e cinquenta nomes das mais diferentes regiões do Brasil.

Percebi que as pessoas sentiam necessidade de trabalhos com foco mais pontual e imediato, sem a necessidade da elaboração ritualística; as pessoas queriam simplesmente sentir o sagrado penetrando seus dias e suas vidas.

Um ano após a abertura dos Naoiches, a Ordem Walonom agregou o projeto ao seu material, tornando-o, então, um programa de maior abrangência e com maior versatilidade, englobando desde temáticas de cura até sucesso financeiro.

A prece nos ajuda a elaborar nossas dores permitindo que consigamos organizar nossos sentimentos e focarmos na cura dos problemas, sejam eles quais forem.

Ao recitar ou criar uma prece, estamos despertando as energias à nossa volta, chamando sua atenção para nosso propósito exatamente como um músico ao afinar seu instrumento em meio ao público, fazendo que note sua presença, atraindo olhares e atenção para si.

Diferentemente de um rito, uma prece não precisa de nenhum treinamento prévio, tornando-a uma das práticas espirituais mais populares e inclusivas.

Se estiver habituado(a) com práticas de Alta Magia ou com as Tradições mais formais, poderá confundir preces com decretos ou invocações, motivo pelo qual esclarecerei as diferenças pungentes entre elas:

> ***Decreto:*** um decreto visa ordenar ao cosmo (através de seres, espíritos, Deuses ou energias) suas vontades/necessidades. Funciona quase como um contrato no qual o maior beneficiário(a) será você;
>
> ***Invocação:*** chamar algum ser, espírito ou divindade para atuar em um trabalho mágico ou para se juntar ao seu rito;
>
> ***Preces:*** funcionam como mensagens diretas entre você e os seres nos quais acredita, sinalizando-lhes suas dores, necessidades e desejos, estabelecendo entre todos uma relação ou o início de uma.

Pode-se ver que a prece permite abertura à interação e manutenção de assuntos que são sensíveis e importantes para nós; é uma ação que não visa dar ordens às forças naturais que atuam em nossas vidas, mas cria um ambiente de troca, como em uma conversa entre dois amigos.

Capítulo 4

# Como e quando usar as preces?

A resposta é bastante simples: *sempre que sentir necessidade!*

Não há forma correta de recitar as preces, nem um momento mais adequado: as pessoas que praticam o paganismo céltico são bem habituadas ao uso de preces e encantamentos. Entretanto, esta pode não ser a sua realidade e precisará acostumar-se com a leveza dessa ação e de toda a entrega que ela exige para surtir efeito.

Pode ser que queira cruzar as mãos sobre o peito, sobre seu rosto ou, ainda, erguer os braços em direção aos céus; pode ser que prefira sentar-se em posição de lótus ou deitar-se sob o luar. No fundo, isso só importará à medida que fizer diferença para você; basta para os Deuses que esteja com o coração leve e que de sua boca saiam somente verdades.

Antes de simplesmente repetir as palavras da prece, conheça- a, sinta-a e a repita algumas vezes em voz baixa pensando em cada uma das combinações. Perceba para o que as palavras servem naquele momento e ignore, sempre que necessário, o título; as palavras devem nos guiar e não amarrar.

Se sentir falta de uma palavra final para sua prece, por favor, evite as que pertençam a alguma outra fé. Em respeito à ancestralidade, optamos por encerrar com "Sláinte" (slahn-chə) que quer dizer literalmente "saúde" em gaélico irlandês, uma língua céltica.

De modo geral, utilizamos as preces e rezas para nós mesmos, debruçando-nos ante os Deuses e Deusas, ou ainda ante os espíritos ou antepassados. Sua necessidade deve ser o termômetro para o uso de qualquer uma das fórmulas que trago neste livro, todavia, pode ser que surja em algum momento a necessidade de prestar assistência para alguma pessoa próxima, ou a um desconhecido.

Se isso acontecer, não vire as costas nem sabote a situação acreditando-se incapaz. Essas situações servem, dentre outras coisas, para nos ensinarem a sermos melhores.

# Capítulo 5

# Preces para o dia a dia

*"O vento fresco dos dias de Beltane atravessa o campo embalando os delicados fios de cabelo da Sacerdotisa. Em suas mãos ela carrega um cesto de sementes e um jarro de leite, resultado da produção de sua família. Os pássaros começam sua agitação habitual enquanto ela se aproxima do poço, ladeado por um antigo carvalho, majestoso da raiz à copa. Suas mãos se erguem, uma prece ancestral se faz ouvir em meio ao som da vida despertando com o verão:*

***"Levanto minha voz em sagrado canto, ao quatro que nos é santo, daqui ao acima, ao abaixo e ao centro, pois minha alma vem de dentro..."***

*O vento toma corpo marcando sua presença, as folhas do carvalho se agitam produzindo um som melódico e potente. Ajoelhada, a Sacerdotisa deita suas ofertas no poço, ouvindo os grãos tocarem a água gelada, ecoando nas paredes de pedra".*

O recorte acima ilustra bem o cenário de uma prática diária de oferendas e preces, cena esta provavelmente comum entre os nossos antepassados célticos.

Mas quais são as rotinas de uma pessoa que vive em nosso século afundada em cidades feitas de concreto?

O que levou a sacerdotisa a deitar suas ofertas no poço não fica claro na passagem. Pode ser por um amor não correspondido, a busca da saúde, um ato devocional habitual ou para trazer paz à comunidade.

Fato é que, mesmo em tempos completamente diferentes, vivenciamos dilemas muito parecidos. Podemos, inclusive, nos arriscar a dizer que são rotinas muito parecidas.

Acordamos diariamente e queremos proteção, saúde, tranquilidade, trabalho, satisfação para nós e para os nossos. Isso é assim desde que o mundo é mundo. Ainda que as ideias adjacentes aos temas citados possam ter sido modificadas ou flexibilizadas, suas essências permanecem imutáveis.

Nossas guerras não são feitas com espadas em campos de batalha e não estamos munidos de escudos, todavia, podemos enfrentar questões judiciais de suma importância, podemos ter inimigos no trabalho ou em nossos círculos sociais.

Os romanos já não são preocupação, mas quem são eles diante dos ladrões que frequentemente cruzam nosso caminho e não queremos que nos notem?

Vacas que não dão leite ou escassez de queijo são coisas com as quais não nos ocupamos quando nos sentamos à mesa, entretanto a dor de ver um filho passar fome ainda assombra famílias inteiras. O sofrimento é atemporal e sem medida, cada um dos nossos desafios diários encontra um paralelo na mais remota família céltica ancestral.

Quando você faz uma prece ao despertar pela manhã, ao ir dormir e ao se alimentar, está reproduzindo hábitos muito antigos e repletos de pura magia, está buscando na teia do tempo as conexões latentes, você as está despertando do adormecimento.

Sua voz se unirá a um coro sagrado sacralizando sua vida, tendo como sustentáculo palavras já ditas e que ecoam no cosmo, palavras proferidas por pessoas que viveram momentos como os que está vivendo. Recitar uma prece é unir-se a outros nos desafios já vividos, é deixar de estar sozinho.

Faça do recitar de preces uma rotina para que consiga colher os frutos dessa gigantesca árvore, esforce-se e persista. O melhor de tudo é que não precisará fazer de forma solitária, a menos que queira. Reúna pessoas, conhecidas ou não, e sinta o poder que as preces possuem.

Segunda Parte

# As Preces e Encantamentos Celtas da Obra Carmina Gadelica

Capítulo 6

# Carmina Gadelica

Em 1900, foram publicados dois volumes contendo os resultados de anos de pesquisa e dedicação do escocês Alexander Carmichael, que recolheu os resquícios folclóricos da rica cultura céltica, reunindo aquilo que havia sobrado de um passado distante no qual preces, feitiços, encantamentos e poemas mesclavam-se numa tradição oral profunda e ancestral.

A Carmina Gadelica, como foi chamada essa obra, é uma dessas preciosidades que surgem eventualmente para nos guiar adiante em trabalhos difíceis.

Carmina Gadelica é uma das fontes à qual recorremos para entender a relação dos celtas com o sagrado em seu cotidiano, e embora tenha sofrido forte influência cristã, conseguimos perceber em suas bases as claras estruturas da visão céltica do mundo, da vida e de tudo o que compunha sua existência, seja na sempre presente referência à Natureza, aos elementos ou no inevitável chamamento dos espíritos.

Toda pessoa que busca a conexão integral com o cenário espiritual céltico precisa conhecer este trabalho profundamente, primeiro para compreender a relação que podemos ter com a terra, e, num segundo momento, para buscar ferramentas para seu trabalho mágico. Não é difícil encontrar esta obra completa para livre utilização.

A Carmina Gadelica é um oceano profundo a ser explorado e com o qual será necessário interagir. Conquanto seu verniz cristão incomode num primeiro momento, percebe-se que até mesmo nisso o folclore é diferente do que conhecemos do cristianismo, principalmente o católico. Abra-se e permita-se ser um explorador nessa jornada rica em aprendizados.

Alguns dos materiais presentes no Carmina Gadelica estão completamente impregnados de ideário cristão, de sua mitologia e folclore, de modo que retirar essa camada torna-se completamente inútil. Muitos destes textos provavelmente foram pensados e escritos já no auge do cristianismo, sendo também sem uso para o nosso caso.

Todo material a seguir foi extraído do primeiro volume, deixando-nos um campo de exploração ávido por ser descoberto no segundo.

Capítulo 7

# As preces celtas da obra Carmina Gadelica

O material a seguir foi construído usando preces, rezas e encantamentos da Carmina Gadelica. Foram selecionadas passagens com todo o cuidado, carinho e atenção, e certamente não foi um simples trabalho de tradução, até porque isso já foi feito.

Separei as peças mais adequadas ao nosso uso e que pudessem trazer melhor base pagã. Aquelas nas quais o cristianismo estava mais infiltrado, foram deixadas de lado para, quem sabe, num segundo momento serem melhor estudadas.

Após a seleção, fiz a tradução para nosso idioma e lapidei todos os elementos que cobriam as preces com as tintas mais modernas e cristãs, trazendo à luz as possíveis falas de nossos antepassados espirituais, os celtas.

O trabalho que encontrará nas próximas páginas está impregnado de força, vigor e ancestralidade.

Abaixo do título das preces, inseri o título original encontrado no Carmina para que possa fazer comparativos, adaptações ou simplesmente verificar sua forma original registrada por Carmichael.

Preocupei-me em não manter a simples tradução nos títulos, adaptando-os da melhor forma ao contexto das palavras, além de deixá-los mais próximos de nossa realidade.

Antes de cada prece, concedo breve explicação de seu uso e sugiro aplicações bastante práticas para sua vida ou na vida de outras pessoas.

O poder das preces celtas.

## Poema antes da oração

Esse poema pode ser declamado antes de fazer sua prece ou encanto, para criar um cenário psíquico e energético que lhe propiciará imersão numa egrégora de força e poder.

É importante que o tenha sempre pronto para ser recitado, pois seu contexto de uso é bastante amplo e pode, inclusive, ser usado para a abertura ritualística, cabendo nos mais diversos momentos mágicos.

### 1. Poema antes da oração

*Adaptada de "Rann Romh Urhnuigh"*

*"Dobro meus joelhos*
*Ante a natureza que me circunda*
*Ante a vida que me nutre*
*Em amizade e carinho.*
*Conceda-me plenitude em minhas necessidades*
*Amor*
*Afeto*
*Felicidade*
*Sabedoria*
*Força*
*Para fazer no mundo triplo,*
*Como Deuses e Espíritos*
*Força no céu, no mar e na terra*
*Cada sombra e luz,*
*Cada dia e noite".*

## Os Deuses comigo deitam

Essa reza proporcionará aproximação com as Três Famílias, que são para nós o conjunto de seres sagrados em nossa estrutura espiritual, a saber: Os Deuses (e Deusas), os Espíritos e os Antepassados.

Criará uma atmosfera de comunhão e interação bastante importante e protetiva, trazendo-lhe pertencimento e conexão. Utilize-a sempre que sentir necessidade, mas principalmente em momentos ritualísticos.

Você pode desenvolver uma rotina, repetindo-a diariamente ao acordar, ao deitar, sempre que estiver saindo ou chegando em seu lar.

### 2. Os Deuses comigo deitam

*Adaptada de "Dia Liom a Laighe"*

*"Os Deuses comigo deitam*
*Os Deuses comigo levantam*
*Os Deuses estão comigo como os raios do Sol*
*Nem um raio sem eles*
*Nem um raio longe deles*
*Os Ancestrais comigo dormem*
*Os Ancestrais comigo acordam*
*Os Ancestrais me acompanham*
*Todos os dias e noites*
*Cada dia e noite.*
*Os Espíritos comigo me protegendo,*
*Os Espíritos comigo me guiando,*
*Os Espíritos comigo me fortalecendo,*
*Para sempre e em todo lugar*
*Sempre e sempre mais".*

## A invocação das Graças

Ao unir as mãos, você está se posicionando diante do sagrado, como é feito em muitas culturas. O uso das mãos, a parte mais extrema de nosso corpo, é bastante documentado dentro do contexto religioso.

Essa prece é basicamente uma bênção a ser dada a alguém que esteja necessitado. Pode ser lida em diversas situações, como para obter cura ou acalento em momentos de perda, transformando seu destinatário em uma fortaleza de energia. Poderá usá-la para você, bastando para tanto falar em primeira pessoa:

*"[...]**Tu és** a alegria de todas as coisas alegres, **Tu és** a luz do raio do Sol, **Tu és** a porta da hospitalidade, **Tu és** a estrela da orientação [..]"*

*"[...]**EU sou** a alegria de todas as coisas alegres, **EU sou** a luz do raio do Sol, **EU sou** a porta da hospitalidade, **EU sou** a estrela da orientação [..]"*

### 3. A invocação das Graças

*Adaptada de "Ora Nam Buadh"*

*"Uno as palmas das mãos*
*Em reverência ancestral*
*No fogo,*
*Nos nove elementos,*
*No leite e no mel*
*E eu coloco as nove graças*
*Em tua face,*
*A graça da forma*
*A graça da voz*
*A graça da fortuna*
*A graça do bem*
*A graça da sabedoria*
*A graça da força*
*A graça da serenidade,*
*A graça da honra,*
*A graça da boa fala*
*Recaiam sobre ti no calor,*
*Recaiam sobre ti no frio,*
*Uma ilha és tu no mar*
*Uma fortaleza és tu em terra,*
*Uma estrela és tu no céu*
*Tu és a alegria de todas as coisas alegres,*
*Tu és a luz do raio do Sol,*
*Tu és a porta da hospitalidade,*
*Tu és a estrela da orientação,*
*Tu és o passo do cervo da colina,*
*Tu és o passo do corcel da planície,*
*Tu és a graça do cisne do lago*
*Tu és a beleza de todos os desejos adoráveis.*
*A melhor hora do dia seja tua,*
*O melhor dia da semana seja teu,*
*A melhor semana do ano seja tua".*

## Oração aos Ancestrais

Essa prece precipita uma das forças mais importantes de toda a espiritualidade céltica: a ancestralidade. Invoca aqueles que vieram antes de nós e que foram antes de sermos.

É uma declamação perfeita para noites de Lua nova ou para o Festival de Samhain, criando uma linha direta entre você e todas as memórias ligadas à sua vida.

Ao verbalizar essas palavras, você estará se abrindo para a influência do passado, o que contribuirá para a construção do seu presente.

### 4. Oração aos Ancestrais

*Adaptada de "Uirnigh"*

*"Ó Ancestrais,*
*Em minhas ações*
*Nas minhas palavras,*
*Nos meus desejos,*
*Na minha razão,*
*E no cumprimento dos meus desejos,*
*No meu sono,*
*Nos meus sonhos,*
*No meu repouso.*
*Nos meus pensamentos,*
*No meu coração e alma sempre".*

## Bênção do Santuário

Essa é uma bênção protetiva para locais físicos, para nossos santuários. Poderá usá-la em sua casa, em sua cama, em seu trabalho e em seu comércio, pois essa prece trará proteção e afastará todo o mal.

Você também poderá usá-la em locais de terceiros que possam estar vivenciando momentos difíceis; não há problema algum em compartilhar seu sagrado levando paz e bonança àqueles que pedirem. Não tenha medo de atuar na vida de outras pessoas.

### 5. Bênção do Santuário

*Adaptada de "A Choich Anama"*

*"Forças da vida e do cosmo estejam juntas*
*Para manter a guarda em torno deste lugar,*
*Um cerco sagrado, forte e firme,*
*Isso protegerá este santuário.*
*Salvaguardem espíritos este lugar,*
*Livra-os da perda, da angústia, do mal,*
*Dos frutos da inveja e da inimizade.*
*Dê-nos a paz*
*Gratos ficamos pela vigília*
*Para vibrar acima, abaixo e no centro*
*E por todos os lados".*

## Oração para a vitória

Essa prece deve ser usada em momentos nos quais sua força e vitalidade devem ser colocadas frente a uma situação de batalha. Não vamos mais para a guerra como os celtas iam, nem enfrentamos inimigos com espadas, no entanto, enfrentamos processos judiciais, colegas de trabalho que podem nos causar problemas e até mesmo um familiar que não compreenda nossa forma de viver. Certifique-se de estar com a razão e, indubitavelmente, os Deuses o auxiliarão a vencer a batalha, recebendo o que é seu por direito.

Quais são as suas batalhas? Quais poderá perder e quais deverá ganhar?

Antes de tudo, entenda quem é Brighid e seu filho, quem é Oghma, Lugh, estude seus mitos e certamente terá a visão ampliada a respeito do seu próprio cenário de guerra.

### 6. Oração para a vitória

*Adaptada de "Ora Buaidh"*

*"Banho meu rosto*
*Nos nove raios do sol,*
*Como Brighid faria*
*No rico leite fermentado.*
*Mel na minha boca,*
*Afeto em meu rosto;*
*O amor que Brighid deu ao filho*
*Aos que veem, aos que ouvem, tudo que os Deuses inspiram,*
*Para alegrar-me e me fortalecer,*
*Não ver, não ouvir e não falar, nunca, nunca serei assim*
*Meus desprazeres e meus escarnecedores não me atingirão*
*A língua de Oghma em minha boca,*
*A eloqüência de Oghma no meu discurso,*
*A compostura de Lugh vitorioso,*
*Sejam minhas na presença da multidão".*

## Oração do sono

Dormir é fundamental para a manutenção de nossa saúde física e emocional. Se você tem problemas para dormir, recomendo que faça uma dessas três preces num ciclo de nove noites seguidas, e se puder circundar sua cama três vezes, sentirá força ainda maior.

É também durante o sono que ficamos mais vulneráveis em todos os sentidos. Qualquer coisa pode nos ocorrer quando não estamos em vigília, assim como acontece com qualquer animal.

As três preces que seguem pedem a interferência dos Deuses durante seu repouso para que possa, em paz e saúde, erguer-se mais um dia.

Pode utilizar qualquer uma, caso sinta-se sob ataque psíquico, se estiver sentindo estafa anormal no seu dia a dia, ou se sentir que está sendo visitado por entidades ou energias estranhas enquanto dorme.

Se você soubesse como está exposto durante o descanso à noite, nunca mais dormiria sem uma prece como essas.

### 7. Oração do sono

*Adaptada de " An urnuigh chadail"*

*"Estou indo agora para o sono,*
*Em saúde devo acordar;*
*Se o fim é para mim*
*No sono ao Outro Mundo devo passar,*
*Seja ele que, na força da vida,*
*Ó Deuses antigos, em paz devo acordar.*
*Seja em teus próprios braços amados,*
*Ó Deuses antigos, que eu em paz deva acordar.*
*Seja minha força à noite embalada, ó Deuses antigos,*
*Minha família me nutriu,*
*Minha família que é tudo para mim,*
*Embalam-me, ó Deuses antigos, que nenhum dano, nenhum mal nos sucederá.*

*Enquanto o corpo reside no sono,*
*Minh'alma dança nua no outro lado,*
*Dia e noite, lampo e escuridão,*
*Dia e noite, lampo e escuridão".*

## 8. Prece do descanso

*Adaptada de " Beannachd Taimh"*

*"Em nome das forças da terra,*
*E da presença do céu e do mar,*
*Em nome do que está acima e abaixo,*
*Deito-me para descansar.*

*Se houver ameaça, mal ou capricho,*
*Ou a intenção de ato secreto contra mim,*
*Que os Deuses me livrem e me protejam,*
*E afastem de mim o meu inimigo.*

*Em nome dos preciosos Deuses,*
*E da força das Deusas,*
*Em nome do que está acima e abaixo,*
*Deito-me para descansar.*

*Deuses, me ajudem e me protejam,*
*Desta hora até a hora da minha morte".*

# Bênção à cama

## 9. Bênção à cama

*Adaptada de "Beannachadh Leapa"*

*"Deito-me esta noite,*
*Pela força do céu e pela profundidade do mar,*
*Sob o embalo da Lua e estrelas,*
*Que me protegem de danos.*
*Deito-me sempre sem nenhum mal,*
*Também não deve o mal deitar comigo,*
*Então, deito em paz,*
*E a paz deita-se comigo.*
*Os Deuses, os Antepassados e os Espíritos gentilmente,*
*E a força da terra protegem-me,*
*Dos meus pés à minha face,*
*E protegem-me de qualquer dano ou dor".*

## ~ Prece matinal ~

Tão importante quanto pedir guarda ao dormir é agradecer ao acordar. Se tenciona encantar seu sono pedindo proteção, você deve, obrigatoriamente, fazer os devidos agradecimentos pela manhã, mostrando compromisso e gratidão.

O ideal é fazer essa prece diariamente ao acordar, não importa o horário. Assim que abrir os olhos, antes de se levantar já a recite, deixando suas bênçãos cobrirem seu dia e sua vida.

### 10. Prece matinal

*Adaptada de " Urnuigh Maduinn"*

*"Dou graças,*
*Pela guarda da noite passada,*
*Para a luz que irradia deste dia,*
*Por ganhar a vida em minha alma,*
*Através das ofertas feitas por mim.*

*Louvados sejam, ó forças ancestrais,*
*Pelas bênçãos que me concedem*
*Minha comida, minha fala, meu trabalho, minha saúde,*

*E eu vos suplico*
*Para me protegerem da dor,*
*Para me protegerem da doença,*
*E que eu seja forte hoje e sempre,*
*E que encontre sempre a prosperidade*
*Dê-me sabedoria, juntamente com a honra.*

*A força que há em mim,*
*Proteja-me no mar e em terra,*
*E guia-me no passo a passo,*
*Na minha jornada diária".*

## Proteção do lar e família

Manter nossa família e lar abençoados é fundamental para a nossa saúde emocional e energética. Entenda como família todos aqueles que lhe são caros, incluindo amigos; não fiquemos presos à estrutura familiar comum. Família é muito mais do que a junção de parentes e filhos desses parentes!

Nessa prece as forças dos Deuses e Deusas se fazem presentes, e pedimos a sua ação em nossa rotina.

### 11. Proteção do lar e família

*Adaptada de "Teisreadh Taighe"*

*"Deuses, abençoem meu mundo e tudo que nele há.*
*Deuses, abençoem minha família,*
*Deuses, abençoem minha cabeça,*
*E abençoem, ó Deuses, a energia da minha mão;*
*Da hora que me levanto,*
*À hora que me deito,*
*Abençoem meu despertar no início da manhã,*
*E o meu deitar tarde na cama.*

*Deuses, protejam a casa e a família,*
*Deuses, guardem as crianças,*
*Deuses, olhem pelos rebanhos e os jovens;*
*Sempre que saímos ao mundo*
*E sempre que dele retornamos."*

## Bênção do rebanho

A vida dos celtas dependia basicamente de seu gado, observa-se essa ligação na prece acima.

Muitos de nós não criamos gado e nem dependemos diretamente do campo, portanto é preciso ressignificar essa ideia.

Nosso rebanho é hoje tudo aquilo de que dependemos, nossos empregos e conquistas, nossa casa e toda a nossa produção. Cante essa prece sempre que precisar cobrir seu "rebanho" de bênçãos e proteções.

Outro uso possível para esta bênção é para seus animais de estimação. A conexão que criamos com esses seres não pode ser esquecida, fazem parte daqueles que mais amamos e merecem toda a força e proteção possíveis.

Pode-se perceber na espiritualidade céltica a forte ligação com os animais, presentes em seus mitos e principalmente no folclore.

Com ambas as mãos sobre seu filho de quatro ou duas patas, profira essa bênção três vezes.

### 12. Bênção do rebanho

*Adaptada de "Comraig nam Ba"*

*"Sejam as pastagens lisas, altas ou distantes*
*Sejam elas ardidas ou pontiagudas,*
*Não sangrarão meus pés*
*Trago os antigos para dentro de minha casa,*
*Para meus campos e meus rebanhos.*

*Abençoem cada poço,*
*Abençoem cada colina,*
*Acolham minha prece entre vocês,*
*Mesmo na mais alta montanha fria,*
*Ainda que seja a montanha mais fria.*
*Ao cuidado dos Deuses,*
*A proteção dos espíritos,*
*A amizade dos antepassados,*
*Por conhecê-los e vivê-los,*
*Oh! O cuidado de toda direção,*
*Para proteção e fortalecimento".*

## Prece para viagens

As viagens de hoje nem de perto apresentam os perigos que ofereciam para as sociedades antigas. Uma visita familiar poderia durar meses e era permeada de muitas possibilidades, dentre elas a morte.

Trafegamos em meios de transporte mais seguros e funcionais, podemos atravessar um país em poucas horas, algo impensado para os celtas, que faziam o mesmo trajeto a cavalo.

No entanto, não estamos isentos de perigos sérios oriundos da falta de segurança pública, da estrutura das estradas e ferrovias, ou ainda, de alguma calamidade aérea.

Recite essa prece sempre que se afastar de sua casa e família por período prolongado, e quando tiver de percorrer longas distâncias.

### 13. Prece para viagens

*Adaptada de "Ora Turais"*

*"A vida está em minha alma,*
*Em tudo o que eu digo,*
*A antiga prece em meus lábios,*
*Até eu voltar.*

*Atravessando córregos, atravessando florestas,*
*Atravessando vales longos e selvagens.*
*A justa estrada me mantém,*
*À minha frente meu escudo,*
*A justa estrada me mantém,*
*Atrás de mim meu escudo".*

## Prece da caçada

Essa é uma bênção que colocamos sobre nós mesmos, através da qual nos comprometemos com o fluxo da vida e com tudo o que ela carrega.

Trata de uma relação entre nós e aquilo que queremos conquistar, podendo ser usada, inclusive, em processos de defesa psíquica e astral.

### 14. Prece da caçada

*Adaptada de "Coisrigeadh na seilg"*

*"Em nome da força Tríplice,*
*Na palavra, no ato e no pensamento,*
*Abençoo minhas próprias mãos,*
*À luz e nos elementos.*

*Jurando que nunca mais voltará minha vida,*
*Sem ter pesca, sem caça,*
*Sem diversão, sem prosperidade,*
*Sem alimento, sem as frutas doces do bosque.*

*Proteja a mim e aos meus*
*Mesmo após a força do Sol ter sumido,*
*Guia-me na mais escura noite.*

*Coroa-me tu com a coroa da paz,*
*Coloque teu próprio manto régio do ouro para me proteger,*
*Em nome da força Tríplice,*
*Na palavra, no ato e no pensamento,*
*Abençoo minhas próprias mãos,*
*À luz e nos elementos".*

## Bênção da colheita

Exatamente como na "Bênção do Rebanho", precisamos trazer o significado de "colheita" para uma leitura mais atual.

A colheita é o momento em que todos os esforços do plantio e do cuidado com o mesmo retornam em forma de alimentos. Uma vez que você conheça bem quais sementes plantou, saberá exatamente o que colherá.

Existem muitos fatores a serem observados no ciclo das colheitas, e essa bênção servirá para manter pragas, ervas daninhas e mau tempo afastados, protegendo sua safra mesmo quando não estiver por perto.

### 15. Bênção da colheita

*Adaptada de "Beannachadh Buana"*

*"Deuses, abençoem a minha colheita,*
*Cada teto, campina, e campo,*
*Cada foice curva, bem talhada, e forte,*
*Cada pedaço do que é meu e o que toco,*
*Cada pedaço do que é meu e o que toco.*

*Abençoem os jovens e adultos,*
*Cada mulher ou homem,*
*Salvaguarda-os sob o teu escudo de força,*
*E cubra-os de bênçãos,*
*E cubra-os de bênçãos.*

*Olhem cada cabra, ovelha e cordeiro,*
*Cada vaca e cavalo, e guardem-nos,*
*Seja na minha casa ou na de meus familiares".*

## Bênção do fogo

Uma belíssima bênção dentro da energia emanada pela Deusa Brighid. O fogo, um de seus principais símbolos protege, aquece e transforma, moldando vibrações ruins em boas e afastando os perigos que preferem circular dentro de recantos escuros.

Sempre que realizar um rito com fogo ou com Brighid, sugiro que utilize essa prece. Fala, também, na construção de um espaço completamente blindado, sendo possível servir para palco de qualquer outra atividade mágica.

Se você mantiver um culto frequente à Ela, tenho certeza que poderá colher muitos frutos ao recitar essa prece.

### 16. Bênção do fogo

*Adaptada de " Togail an teine"*

*"Acenderei o fogo sagrado*
*Como Brighid faria.*
*O muro de força e magia*
*Do chão ao teto*
*Circundando toda a minha família.*

*Quem são eles no chão nu?*
*Os que buscam o antigo caminho.*
*Quem são eles em minha cama?*
*Brighid e toda sua energia.*
*Quem são aqueles que prestam atenção sobre o meu sono?*
*Brighid e toda sua energia.*
*Quem é que está na parte de trás da minha cabeça?*
*Brighid e toda sua energia".*

## Apagando o fogo

O momento de apagar a chama sempre é repleto de possíveis perigos. Você estará extinguindo algo que proporciona muita energia. Todas as vezes que for apagar uma vela, fogueira ou qualquer outra fonte de fogo em contexto mágico e religioso, faça essa prece.

Ademais, poderá servir para aqueles momentos em que caminhamos por ruas escuras e sem movimento, para aquelas situações nas quais nos sentimos sozinhos e à própria sorte.

O fogo era uma das principais fontes de segurança dos antigos contra ataques de animais e contra o avassalador frio do inverno.

### 17. Apagando o fogo

*Adaptada de "Smaladh na teine"*

*"O sagrado Três*
*Para salvar,*
*Proteger,*
*Cercar,*
*A lareira,*
*A casa,*
*O lar,*
*Esta noite,*
*Toda noite,*
*Oh! esta noite,*
*E toda noite,*
*Cada única noite".*

## Dedicação

Essa reza de dedicação é sinal de comprometimento para com os Deuses, os Espíritos, os Antepassados e a comunidade.

Pode ser usada para iniciações, dedicações e até mesmo para reforçar os compromissos já assumidos anteriormente.

### 18. Dedicação

*Adaptada de "Na Tionnsgann"*

*"Obrigado às Três Famílias*
*Que me trouxeram de ontem*
*Para o começo deste dia,*
*Alegria eterna*
*Por ganhar mais vida*
*Com boa intenção.*
*E para todo presente de paz*
*Que recebo*
*Meus pensamentos, minhas palavras*
*Meus feitos, meus desejos*
*Eu dedico aos Deuses*
*E peço*
*Para me impedir de ofender,*
*Para me impedir de ferir quem não deve ser ferido*
*E para me proteger à noite,*
*E para me proteger durante o dia*
*E para todo presente de paz*
*Que recebo*
*Meus pensamentos, minhas palavras*
*Meus feitos, meus desejos*
*Eu dedico aos Deuses".*

## Encanto de amor(1)

Esse encanto de amor é muito poderoso e versátil, podendo ser aplicado em relação à pessoa desejada, ou usado de forma genérica quando você pretender atrair as energias do amor para perto de si.

Muitas pessoas pensam que encantos e magias de amor só podem ser feitas para proporcionar um novo romance, mas isso não é verdadeiro.

Diversos casais estabelecidos precisam de força extra para reconectar laços ou enfrentar momentos difíceis, criando novas possibilidades para o uso desse encanto.

Modifique o gênero do encanto como preferir, lembrando que pode ser utilizado para qualquer formatação de casal.

### 19. Encanto de amor (1)

*Adaptado de "Eolas Gradhaidh"*

*"Assim como os juncos escolhem a água*
*Eu escolho o amor*
*Escolho o amor de (insira o nome da pessoa)*
*Atraindo seu calor para mim*
*Levantei-me hoje*
*Nesse dia de vitória*
*Trago comigo a voz sobre a cabeça*
*E meus olhos sobre o dossel acima*

*Olhos sobre ombros*
*Pés no chão*
*Mãos entrelaçadas*
*Escolho o seu amor*
*E você escolhe a mim*

*Que as forças da natureza*
*Aqueçam o peito do meu amante*
*Que estejamos protegidos e juntos*
*São as forças da natureza minhas testemunhas*
*E minhas guias."*

# Encanto de amor (2)

Esse segundo encanto pode ser usado nas mesmas circunstâncias do anterior.

Existe certa ética interessante a ser observada quando o assunto é amor. Não quero discorrer longamente sobre o tema, que é polêmico por si só e nunca será encerrado, no entanto, evite separar um casal estabelecido para formar o seu próprio, ou ainda, atrair para si uma pessoa que não nutra por você o mínimo interesse, pois se agir assim, além de precipitar energias péssimas sobre uma relação que sequer começou, pode ser que gere sérios problemas ao prender magicamente um ser humano à sua história.

**20. Encanto de amor (2)**

*Adaptado de "Eolas Gradhaidh"*

*"Quatro joelhos sobre a cama*
*Dois pares de olhos sobre o horizonte*
*Assim será meu dia*
*Assim será minha noite*

*Beijos doces como o melhor vinho*
*Corpos quentes*
*Almas limpas*
*São duas as vidas entrelaçadas*

*Escolho Você e Você escolhe a mim*
*Como o vento escolhe a campina*
*Como a sede escolhe a água"*

## Encanto de amor (3)

Finalmente, o terceiro encanto do amor tem aplicação mais específica, prestando-se para casais estabelecidos que estão enfrentando problemas conjugais.

Não raro, nossa história de amor enfrenta páginas de confronto, desentendimentos, brigas; algumas vezes essas situações acontecem por interferência externa, seja de pessoas ou energias que enviam.

Se, por acaso, sentir que seu relacionamento está atravessando uma fase ruim, não hesite em lançar esse encanto em uma noite de Lua cheia!

### 21. Encanto de amor (3)

*Adaptado de "Eolas"*

*"Pelas virtudes*
*Pelas doces conquistas*
*Uma força contra o olho do inimigo*
*Uma força contra seu braço*
*Outra força contra sua perna*

*Que a flecha contra meu amor*
*Caia do ar*
*Que não atinja o alvo*
*Que sua ponta não seja aguda*
*Que não seja como o dardo das fadas*

*Lanças contra a inveja*
*Lanças contra o ódio*
*Remédio contra o veneno*
*Que a cura recaia sobre mim*
*Meu lar e meu amor*

*Que encontremos a estrada*
*Que caminhemos nela*
*Que sejamos unos novamente*
*Que sejamos um sobre o outro."*

## Encanto de amor com a Lua

Na primeira noite de Lua cheia quando o céu estiver limpo, preferencialmente entre os meses de Imbolgh e Beltane[1], deite-se desnudo em um local onde você possa banhar-se com o luar.

Recite este encanto nove vezes enquanto sente todo o seu corpo sendo agraciado com as energias lunares que está pedindo.

Esse encantamento é voltado às pessoas que almejam sentirem-se mais amadas, desejadas e até mesmo para conseguirem ficar mais à vontade consigo mesmas.

Seja qual for a sua necessidade em relação ao amor (inclusive amor próprio), você poderá supri-la praticando esse encanto com a Lua.

### 22. Encanto de amor com a Lua

*"Graciosa joia da noite*
*Força ancestral*
*Que banha de prata a vida que descansa*
*Seja minha luz neste momento*

*Tua graciosidade seja minha*
*Tua permanência seja minha*
*Teu encanto seja meu*
*Que eu possa ser vista*
*Cantada*
*Cortejada*
*Desejada como és*

*Meus sejam os poemas*
*Meus sejam os cânticos*
*Minhas sejam as carícias dos amantes*

*Empresta-me tua resplandescência*
*Teu poder e tua magnitude*
*Faça de mim o desejo*
*De quem quer ser um em dois."*

## A consagração da semente

Esse é um encanto para prosperidade e abundância bastante efetivo. Através dele, clama-se às forças da natureza, contornando as que possam impedir o desenvolvimento da sua "semente".

Mas qual é a sua semente?

Nossas sementes são nossos projetos, nosso trabalho e nosso dinheiro. Essas palavras farão que haja conexão com as forças da riqueza, não somente a material.

Para que consigamos obter sucesso em nossas empreitadas, precisamos ter relação saudável com o consumo e manter o foco naquilo que queremos.

Certamente nenhum feitiço, encanto ou trabalho lhe dará um apartamento no Central Park, mas tenho certeza que eles o auxiliarão a dar os primeiros passos na direção daquilo que almeja.

### 23. A consagração da semente

*Adaptada de "Na Coisrigeadh Sioil"*

*"Hoje planto as sementes*
*Chamando as forças do crescimento*
*Coloco-me frente ao vento*
*Jogando um farto punhado*
*Ainda que o grão caia sobre a pedra nua*
*Encontrará solo fértil*
*E orvalho para regar-lhe*
*Ainda que o frio não tenha misericórdia*
*A chuva lhe dará boas vindas*
*Enraizando minhas sementes no solo quente*
*Chamo a força do Sol para germinar*
*Meu trabalho, minha prosperidade*
*O vento seja suave nas folhas da minha árvore*
*Que a foice não a encontre*
*A abundância dê três voltas sobre mim*
*Assim lanço minhas sementes ao chão*
*Com os olhos fechados*
*Ainda assim elas caem em grupo*
*Que não me falte pão*
*Que não me falte grão*
*Minhas colheitas sejam fartas e abundantes*
*Pela força da abundância."*

## Bênção do leite

Como explicado anteriormente, o gado cumpria papel essencial na "economia" céltica, sendo usado como sua "moeda".

Quando chamamos a novilha, estamos, na verdade, buscando a prosperidade e o retorno financeiro pelos nossos esforços.

Note que há uma composição bastante caseira para o cenário da bênção abaixo e isso é proposital, para levarmos tais influências também ao nosso lar e família.

### 24. Bênção do leite

*Adaptada de "Beannachdh Bleoghain"*

*"Que em meu jardim sempre haja grama verde*
*Que haja leite*
*Pão e mel*
*Que minha vaca dê leite*
*Que o bezerro nunca tenha sede*
*Ah, minha novilha*
*Ah, minha novilha*
*Que sempre tenha leite*
*Que o bezerro nunca tenha sede*
*Gentil e amada novilha*
*Tu tens a força da mãe*
*Que a raposa não te veja*
*Que traga bênçãos sobre meu pasto*
*Que haja sempre grama verde."*

## Bênção do dinheiro

Existem muitas formas de a prosperidade se apresentar em nossas vidas, seja através de boas oportunidades, de boas parcerias ou negócios, a presença do dinheiro é, sem dúvida, o maior sinal de que as coisas estão dando certo de alguma maneira.

Ao contrário do que se pensa, o dinheiro é algo sagrado sim, e merece nossa atenção. Não mantenha notas nem moedas em sua carteira que não estejam devidamente abençoadas, e certamente, a melhor maneira de fazer isso é usando essa bênção. Faça as pazes com o dinheiro e ele não faltará em sua vida.

### 25. Bênção do dinheiro

*Adaptada de "Beannachadh Buachailleachd"*

*"Quando meu dinheiro vai*
*Ele volta*
*A prosperidade seja minha*
*Sempre que for, voltará*
*Mais forte e mais ativa*
*Ainda que caminhe longe*
*Não tardará a bater na porta*
*Seja pleno seu retorno*
*A salvaguarda dos Deuses*
*Sobre minha prosperidade"*

## Santuário da alma

Um corpo que enfrenta as dores de uma doença sabe muito bem o doce sabor da cura. Quem nunca enfrentou males físicos, ou acompanhou um ente querido na jornada que é o retorno ao bom estado de saúde?

Nessa reza, há a invocação dos pilares de força de nossa fé: As Três Famílias, sobre as quais falamos anteriormente e explanarei um pouco mais adiante. Nós as invocamos para atuarem em nosso processo de alívio e cura, fazendo o que chamamos de "ronda", um cerco de energia em nosso corpo, o santuário de nossa alma.

Na TDW (Tradição Druídica Waloniana), cremos que nosso ser seja composto por três esferas: o corpo (a parte física), o *briga*, nossa alma (o registro máximo de quem somos) e o *brio*, nossa energia (que está em tudo e é nossa bateria).

Sempre que sentir que alguma dessas três partes está doente, recite essa reza para pedir bênçãos e interferência no seu processo de cura.

### 26. Santuário da alma

*Adptada de "Coich Anama"*

*"Os Deuses e Espíritos se encarregam de mim*
*Forças gentis ao redor de mim*
*Meu corpo um santuário*
*Minha alma que o preenche*
*Feridas sejam secas*
*Dores sejam amenizadas*
*Curas sejam operadas*
*Deuses, rondem meu santuário hoje*
*Desde o nascer da Lua, ao raiar do Sol*
*A sagrada força ancestral*
*Abrange meu ser*
*Que seja plena minha jornada*
*Que seja suave meu navegar*
*Hoje encontro a cura*
*Daquilo que me atinge*
*O refúgio tranquilo em um mar de ondas*
*A estabilidade em uma terra que treme*
*A calmaria de um céu azul"*

## Fortaleza

Quase um decreto, essa reza é carregada de intensidade proporcionada por palavras mais fortes e concisas.

Apresenta os elementos "tempo fora do tempo" e "espaço fora do espaço", fazendo alusão ao momento construído de forma ritualística, local onde damos início às reverberações cósmicas que trazem as mudanças necessárias.

### 27. Fortaleza

*"Meu corpo*<br>
*Uma fortaleza*<br>
*Que a chuva lave minhas dores*<br>
*Que o vento sopre meus sofrimentos*<br>
*Não haja montanha grande o suficiente*<br>
*Que minha cura não possa escalar*<br>
*Em nome do tempo que não é tempo*<br>
*Do espaço fora do espaço*<br>
*Em nome das forças antigas*<br>
*Eu declaro minha força refeita"*

Terceira Parte

# Preces, Encantamentos e Rituais Celtas na Prática

Capítulo 8

# Preces ritualísticas

As preces a seguir são autorais e foram criadas para o uso ritualístico. Diferentemente das anteriores, que visam a aproximação devocional com forças, energias e seres, as próximas pretendem acionar mecanismos ritualísticos e devem ser usadas dentro do contexto adequado.

Com abordagem direta e invocativa, você poderá elaborar um rito usando nosso modelo presente no Anexo 1 deste livro, executando-o integralmente através das preces apresentadas.

Importante mencionar a necessidade de verbalizar as preces em voz alta. Nosso corpo é um espaço sagrado e nada pode adentrá-lo sem nossa autorização clara e objetiva.

Para que o mundo exterior compreenda onde estamos e como pretendemos interagir, faz-se necessário tornar isso claro através da fala, pois o mundo, os Deuses e os outros seres não têm como saber o que você sente e o que quer sem que você verbalize.

Sempre antes de fazer uma prece ritualística, é preciso estar alinhado com seu propósito e realizar um exercício respiratório simples, porém poderoso:

> *Inspire lentamente imaginando uma luz branca intensa entrando pelo nariz e preenchendo seu corpo. Retenha o ar em seu peito por algum tempo e depois expire devagar, imaginando uma luz opaca saindo de dentro do seu ser. Repita essa respiração até que sinta um impulso criativo e seu coração mais leve.*

## Os elementos

Nas páginas seguintes, você terá contato com alguns elementos fundamentais relativos às práticas espirituais célticas exercitadas em nossa Tradição: as Três Famílias, os Três Reinos, as direções e o guardião ou guardiã.

Embora o objetivo dessa obra não seja o estudo aprofundado da espiritualidade céltica, penso ser necessária essa introdução aos conceitos que envolvem tais elementos para que você possa executar a prática de forma segura e embasada.

Assim, segue um resumo que servirá como o primeiro degrau de uma longa escada de pesquisa e aprofundamento. Quanto mais puder aprender sobre os temas propostos, mais preparado estará para sentir e reagir às forças que despertará.

## Os Três Reinos

Cremos que nosso cosmo seja sustentado sobre três "pilares", e a vida de alguma forma age, atuando de maneiras diferentes.

Essas estruturas não são físicas em essência, podendo mesclarem-se em diferentes momentos e por diferentes motivos, no entanto, sua representação pode ser observada por todas as pessoas que puderem localizar o céu acima, o mar abaixo e a terra diante de si.

O **céu,** o reino daquilo que está acima, é o local onde encontramos os ventos, os astros e as nuvens. Os animais que vivem nesse reino são aqueles que voam e planam, possuem penas recobrindo seus corpos, além de ótima visão. Costumamos associar esse reino e suas energias às forças da justiça.

O **mar** (leia como qualquer veio de água, salgada ou não), reino daquilo que está abaixo, a segunda força gerada no cosmo, é o local das águas, do profundo e da escuridão (num sentido amplo, não maligno. Quanto maior a profundidade marinha, por exemplo, menos luz solar). Os animais que estão no mar são aqueles que nadam e mergulham, possuindo o corpo recoberto por pele ou escamas, e dotados de poderosas estratégias de sobrevivência com sentidos aguçados. Associamos esse reino às forças de prosperidade.

Finalmente, o reino da **terra,** aquilo que está no meio entre "o acima" e "o abaixo", não para equilibrá-los mas para intermediá-los, é o reino que habitamos. Os animais possuem pele e pelos, caminham, pulam e rastejam, são animais e forças conectados à terra. Associamos o reino da terra às energias sazonais, às estações.

## As Três Famílias

Como citado anteriormente, chamamos os seres sagrados para nós genericamente de "Três Famílias": **Deuses, Antepassados e Espíritos.**

Os **Deuses** e **Deusas** são seres múltiplos, diversificados, individuais, sobrenaturais e poderosos, responsáveis por diversos aspectos da vida, seja de forma coletiva ou individual.

Os **Espíritos** podem ser divididos em dois grandes grupos:

a) espíritos locais, presentes nas paisagens e à nossa volta, sempre na natureza ou

b) espíritos das terras célticas, como Leprechauns, Pookas e outros seres folclóricos.

Os **Antepassados,** por sua vez, são divididos em:

a) antepassados de sangue, que são nossos ancestrais, nossos ascendentes, e

b) antepassados espirituais, aqueles que um dia viveram em terras célticas e praticavam essa forma de espiritualidade.

## As Quatro Direções

A Irlanda antiga era dividida em quatro Províncias: Leinster à leste, Ulster ao norte, Connacht à oeste e, finalmente, Munster ao sul.

Atualmente, observamos essas províncias na parte dos ritos na qual executamos a fundação do mundo, ou seja, estabelecemos um laço sagrado com nossa ancestralidade recriando virtualmente a Irlanda céltica e ali operamos nossas práticas em grupo.

Existem forças e energias que atribuímos à essas direções e as convidamos para os ritos sempre que os realizamos.

## Guardião

O guardião (ou guardiã) é um ser que está inserido na classificação de Espírito Local.

Trata-se de uma força natural presente naquele ambiente e entendemos a necessidade de depositar oferendas a essa entidade antes de agraciar qualquer outra divindade ou ser.

Todos os locais possuem seu próprio guardião e esse espaço é seu domínio, devendo sempre solicitarmos permissão para entrada e atuação naquele lugar, a qual pode ser concedida ou não.

Os guardiões geralmente são hostis à presença humana e demandam muito cuidado ao estabelecermos contato direto.

Capítulo 9

# Estrutura ritualística básica

Todo ritual é a recriação de uma ação ancestral relacionada à manutenção do equilíbrio entre o Caos e a Ordem.

Quando executamos um rito, estamos tomando para nós parte da responsabilidade da vida como ela é, estamos nos "empoderando".

O rito não precisa ser complexo, nem muito rebuscado, a única regra é que seja verdadeiro e que lhe diga algo.

Proponho aqui uma estrutura fundamentada na vivência céltica, principalmente influenciada pelos celtas das terras que hoje conhecemos como Irlanda.

Dentro dessa proposta, baseada unicamente em oferendas e preces, você poderá vivenciar uma rica abordagem ritualística, trazendo para sua vida potencial energético ímpar.

Esse rito poderá ser realizado de forma solitária ou em grupos pequenos, bastando para isso providenciar as devidas adaptações ao que se referir a um grupo de pessoas ou a si próprio.

> Tome um banho e prepare-se para o rito;
> Deixe tudo separado e organizado, principalmente as oferendas de sua escolha;
> Chame as Três Famílias;
> Chame os Três Reinos;
> Chame as Quatro direções;
> Profira uma prece ao Guardião;

Abra-se. Faça pedidos, agradecimentos, converse com os Deuses e com as energias presentes. Esse será seu momento;
Se for alguma lunação ou algum Festival, recite uma prece para essa ocasião;
Após realizar as tarefas que desejar durante esse rito, agradeça às energias envolvidas, reúna as coisas e deixe tudo limpo.

Após um rito é comum ter sonhos diferentes, sensações e experiências interessantes. Observe tudo à sua volta por, pelo menos, três dias depois do ritual.

Um fator extremamente importante em um rito é sempre ter seus cinco sentidos trabalhando. Utilize aromas através de óleos ou incensos, use cores e formas, desperte seu tato e seu paladar com alimentos e bebidas; isso potencializará consideravelmente sua ação mágica.

Capítulo 10

# Preces para rituais

Qualquer pessoa de posse da estrutura ritualística que sugerimos será absolutamente capaz de realizar um ritual. Não acreditamos que a religião céltica seja hermética ou reservada somente a indivíduos específicos, somos todos especiais e capazes de realizar rituais para nos conectarmos com aquilo que cremos.

Não tenha nenhum receio ao se aproximar da ritualística, não acontecerá nada que não seja de sua compreensão.

## Oferendas

Sempre que estabelecer contato com alguma divindade ou qualquer outro ser aqui apresentado, é interessante oferecer-lhe algo.

Imagine que você fará uma recepção para amigos em sua casa, consequentemente, deverá se preocupar com o conforto de todos, com alimentos e com a boa acolhida.

No mundo espiritual, não é diferente. Tenha sempre em mente que os seres são nossos amigos e receberão seu convite de bom grado, portanto, tenha sua casa e corpo preparados para a chegada deles. Para essa finalidade, usamos as oferendas!

Abaixo, segue uma lista bastante útil de dicas de oferendas, algumas específicas e outras mais genéricas:

Cerveja;
Leite;

Mel;
Vinho;
Pães;
Grãos em geral, especialmente trigo e cevada;
Água;
Bolos;
Poemas;
Desenhos;
Objetos (tenha o cuidado de serem biodegradáveis para o caso de oferendas externas);
Dança.

Você pode optar por aquelas que couberem melhor em sua realidade e deverá mantê-las em seu altar ou oratório por, no mínimo, três dias, ao final dos quais poderá depositá-las na Natureza para serem transformadas.

## Prece de abertura do ritual

O uso dessa prece antes de iniciar as atividades ritualísticas possibilitará conexão mais estreita com as energias com as quais lidamos na prática espiritual céltica, além de criar atmosfera mental propícia para os trabalhos mágicos, colocando-o em comunhão e interação com tais vibrações.

Para que um ritual surta os efeitos desejados, precisamos estar em completa plenitude, bem como despertarmos as forças.

Essa prece pode ser aplicada, também, em contextos não ritualísticos, como, por exemplo, meditações, vivências e jornadas.

### 28. Prece de abertura do ritual

*"Diante das forças deste mundo*
*Diante de mim*
*Diante de tudo aquilo que me circunda*
*Diante dos meus Antepassados*
*Dos meus Deuses e Deusas*
*Diante dos Espíritos*
*Coloco-me em plenitude*
*Chamo forças maiores e mais antigas que eu*
*Para que possamos nos conectar."*

## Prece aos Três Reinos

Quando você chamar para sua percepção as energias dos Três Reinos, deverá entender que está criando um ponto de união entre eles. Nesse espaço abstrato, tudo aquilo que disser, pedir ou desejar terá grande poder, então, use com muita responsabilidade essa possibilidade.

A simples ação de repetir as palavras dessa prece lhe trará força adicional, colocando-o dentro da atmosfera de espaço sagrado que se inicia.

É como entrar em um templo, mas observe com cuidado as palavras e frases, perceba que elas atraem uma série de energias naturais que como tais, são difíceis de administrar se saírem muito de seu estado original.

Posicione-se sempre com profundo respeito e ética frente à forças tão maiores que você.

Quando fizer essa prece, posicione-se em pé. Ao falar no céu, erga as mãos acima da cabeça em direção ao alto, ao falar no mar, posicione suas mãos abaixo de sua cintura, e ao falar da terra, estenda seus braços à sua frente.

Esses gestos criarão um ritmo energético interessante, alinhando seu corpo ao ambiente que estará impregnando dos Três Reinos.

### 29. Prece aos Três Reinos

*"Eu chamo e me desperto*
*Eu me abro para os Reinos*
*Aqueles acima, aqueles do Sol e da Lua*
*Aqueles das estrelas que voam*
*Aqueles dos ares que planam*
*Aqueles além de minha cabeça*
*Que dançam entre as nuvens*
*Eu chamo e me uno ao Reino do Céu*

*Eu chamo e desperto*
*Eu me abro para os Reinos*
*Aqueles abaixo, aqueles das profundezas do mar*
*Aqueles das águas que mergulham e nadam*
*Aqueles das marés que deslizam nas ondas*
*Aqueles abaixo dos meus pés*
*Que vão fundo na escuridão*
*Eu chamo e me uno ao Reino do Mar*

*Eu chamo e desperto*
*Eu me abro para os Reinos*
*Aqueles do meio, aqueles das estações*
*Aqueles das pedras que rastejam*
*Aqueles das estradas que andam*
*Aqueles diante de mim*
*Que pulam nas montanhas*
*Eu chamo e me uno ao Reino da Terra."*

## Prece às Três Famílias

Como esclarecido anteriormente, as Três Famílias são o conjunto de seres com os quais trabalhamos na espiritualidade céltica que praticamos.

São fontes de infinita sabedoria e conhecimento, e chamá-las é essencial para conseguirmos construir um cenário de acolhimento e proteção.

Neste momento do ritual, é importante você depositar suas oferendas (poderá consultar a lista citada acima). Faça uma oferenda para cada uma das Três Famílias.

### 30. Prece às Três Famílias

*"Sempre que meus pés andarem nessa trilha*
*Trilha antiga de uma longa jornada*
*Que eu possa sentir pulsar na teia da vida*
*A sabedoria daqueles que já foram*
*A força daqueles que são*
*A vitalidade daqueles que estão*

*A permanência dos Deuses e Deusas*
*Seja minha companheira*
*Renovando minha estada e meu ser*

*Que eu possa seguir o caminho*
*Levantando a memória e a honra*
*Um passado de quem já viveu e morreu*

*O meu redor, pleno de existência*
*Repleto de um todo imortal*
*Possa mostrar-se aos meus olhos*
*Possa tocar dentro de mim*
*E me transformar dia a dia*
*Passo a passo*
*Naquilo que hoje eu canto como memória*
*Serenidade, honra e sabedoria."*

## Prece às Quatro Direções

Embora possa parecer semelhante ao que muitos grupos de paganismo praticam ou ao que as mais diversas tradições ensinam, essa prece das direções tem algumas diferenças, como o ato de chamar os quadrantes.

No nosso caso, estamos recriando subjetivamente um espaço físico existente, no qual nos baseamos para erigir um espaço sagrado. Com isso, estabelecemos, na verdade, o centro do espaço e não seus cantos especificamente.

Quando nos dirigimos às direções, criamos linhas que cortam o espaço utilizado, as quais geram um ponto de convergência, o centro.

Esse é o motivo de as encruzilhadas serem tão sagradas para muitas religiões, essa demarcação do centro é análoga ao centro do mundo.

Cada um desses cantos nos presenteia com a presença de um animal, um objeto e uma ou mais bênçãos. Quando realizamos essa prece, reunimos os ingredientes para a construção do ponto central do espaço que chamamos "Fidnemed", sobre o qual falarei em outra oportunidade.

### 31. Prece às Quatro Direções

***Leste***
*"Vou na direção Leste*
*Caminhando de Murias*
*Trazendo abundância e prosperidade*
*Pela força do Gamo*
*Vem-me o caldeirão."*

***Norte***
*"Vou na direção Norte*
*Caminhando de Findias*
*Trazendo energia para a batalha*
*Pela força do corvo*
*Vem-me a espada."*

***Oeste***
*"Vou na direção Oeste*
*Caminhando de Gorias*
*Trazendo sabedoria e conhecimento*
*Pela força do Salmão*
*Vem-me a lança."*

***Sul***
*"Vou na direção Sul*
*Caminhando de Failias*
*Trazendo as artes e a canção*
*Pela força do javali*
*Vem-me a pedra."*

## Prece ao Guardião

Uma tradição interessante a ser mantida é usar como oferenda para o caso dos espíritos do lugar e do Guardião, elementos que sejam locais.

Bebidas, alimentos ou até mesmo uma dança típica podem servir.

Nota a respeito das oferendas: entenda o impacto que aquela oferenda causará no espaço natural caso opte por usar um, não despeje álcool no solo ou na água, não deixe sujeira e nunca use materiais que não sejam biodegradáveis.

### 32. Prece ao Guardião

*"Seres naturais que habitam este espaço*
*Forças originais desta terra*
*Em respeito e amor dirijo-lhes ofertas*
*Venho em paz*
*Voltarei em paz*
*Sem causar dano ou dor*
*Na figura do Guardião*
*Presenteio-lhes*
*Com o que de melhor posso trazer*
*Recebam minha oferta*
*Permitam minha estada."*

## Prece Tripla

Essa é uma das preces mais abrangentes, e pode ser usada periodicamente. Para sua inteira compreensão serão necessárias repetidas e concentradas leituras, prestando-se atenção a cada detalhe como já dito anteriormente.

Dentre todas, é a mais complexa e completa, abrangendo amplamente as possibilidades que as anteriores apresentam.

### 33. Prece Tripla

*"Ergo-me hoje*
*Por uma força poderosa, a invocação tripla*
*Através da crença na Triplicidade*
*Através do reconhecimento da multiplicidade*
*Do Cosmo e do que há em mim*

*Ergo-me hoje*
*Pela força do nascimento Sol,*
*Pela força da noite sagrada,*
*Pela força da Lua,*
*Pela força do retorno de cada manhã.*

*Ergo-me hoje*
*Pela força do amor que há em mim,*
*Em respeito à vida,*
*A serviço de minha família,*
*Na esperança de uma jornada plena,*
*Nas preces dos Ancestrais,*
*Nas predições dos profetas,*
*Nas canções dos Bardos,*
*Na fé da comunidade,*
*Na inocência das crianças,*
*Nos feitos dos homens e mulheres.*

*Ergo-me hoje*
*Pela força do Outro Mundo*
*Luz do Sol,*
*Resplandescência da Lua,*
*Esplendor do Fogo,*
*Rapidez do Relâmpago,*
*Agilidade do Vento,*
*Profundidade do Mar,*
*Estabilidade da Terra,*
*Firmeza da Rocha.*

*Ergo-me hoje*
*Pela força dos Deuses em me guiar:*
*Pelo poder dos Deuses em me sustentar,*
*Pela sabedoria dos Deuses em me orientar,*
*Pelos olhos dos Deuses por mim a zelar,*
*Pelos ouvidos dos Deuses a me escutar,*
*Pela mão dos Deuses a me guardar,*
*Pelos caminhos dos Deuses diante de mim se estenderem,*
*Pelo escudo dos Deuses a me proteger,*
*Pela hoste dos Deuses a me salvar,*
*De quem quer que me deseje mal,*
*Longe e perto,*
*Em conjunto ou na solidão.*

*Convoco hoje todos esses poderes entre eu e todos esses males,*
*Contra toda força cruel e implacável que se oponha a meu corpo e minha alma,*
*Contra os encantamentos de línguas ferinas,*
*Contra as leis daqueles que não têm lei,*
*Contra todos os saberes que corrompam o corpo e a alma humanos.*

*Os Deuses são meu escudo hoje,*
*Contra venenos, contra queimaduras,*
*Contra afogamentos, contra ferimentos,*
*Para que me seja dada abundância de recompensas.*

*Os Deuses comigo,*
*Os Deuses diante de mim,*
*Os Deuses atrás de mim,*
*Os Deuses em mim,*
*Os Deuses sob mim,*
*Os Deuses acima de mim,*
*Os Deuses à minha direita,*
*Os Deuses à minha esquerda,*
*Os Deuses quando me deito,*
*Os Deuses quando me sento,*
*Os Deuses quando me ergo,*
*Os Deuses no coração de cada um que pense em mim,*
*Os Deuses na boca de cada um que fale de mim,*
*Os Deuses em cada olho que me vê,*
*Os Deuses em cada ouvido que me escuta.*

*Ergo-me hoje*
*Por uma força poderosa, a invocação tripla*
*Através da crença na Triplicidade*
*Através do reconhecimento da multiplicidade*
*Do Cosmo e do que há em mim".*

## Prece Tripla Simplificada

Essa é uma versão simplificada da Prece Tripla e pode ser aplicada em uma rotina na qual o tempo não estará do seu lado.

Compreende menos elementos que a original, e foi elaborada para ser usada principalmente ao acordar pela manhã, ao iniciar seu dia.

### 34. Prece Tripla Simplificada

*"Levanto hoje e a cada dia*
*Pela leveza dos ventos*
*Pela profundidade da água*
*Pela firmeza da terra*
*Os Deuses acima, abaixo e em minha frente*
*Os espíritos ao meu redor*
*Os Antepassados na minha memória*
*Pelos poderes ao meu redor*
*Que eu possa hoje e sempre ser forte e único(a)".*

## Os encantamentos e as Luas

É inegável a influência das luas dentro dos nossos ritos mágicos e não poderia ser diferente no caso das preces, rezas e encantamentos.

No entanto, trago aqui uma leitura diferente da influência energética lunar para as práticas contidas neste livro, baseadas numa correspondência com a Grande Espiral[2]. Veja na imagem a seguir o esquema básico de tal associação:

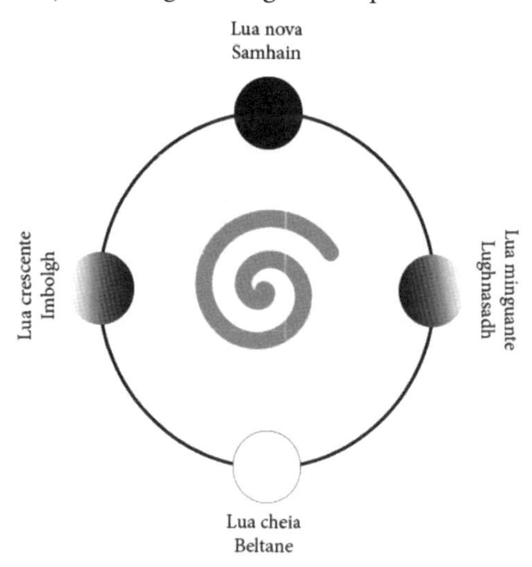

Ao longo do ano, existe grande movimento em relação à *luz* que incide sobre a terra, a qual influencia diretamente nosso clima criando, assim, as estações.

Os celtas tinham um olhar um pouco diferente daquele que temos atualmente a respeito desta temática; não pretendo trazer esse debate para o livro que tem outro propósito.

Esse movimento vem em ondas, intercalando-se anualmente em momentos de maior escuridão (Lughnasadh e Samhain) e maior claridade (Imbolgh e Beltane). Observamos esse mesmo movimento no ciclo lunar - ondas de escuridão e claridade.

A partir dessa observação e vivência, sentimos em meu grupo que poderíamos aproximar ambos os ciclos, criando desta forma um repertório de símbolos e significados bastante completos, no qual as fases lunares tomam emprestado dos Festivais do Fogo (Samhain, Imbolgh, Beltane e Lughnasadh) suas principais características. Assim, surgiu a seguinte tabela de correspondências **(com suas datas aproximadas, pois como são celebrações naturais, podem variar de um ano para o outro):**

| Festival | Data no hemisfério sul | Data no hemisfério norte | Fase lunar correspondente |
|---|---|---|---|
| **Samhain** | 1° de maio | 1° de novembro | **Lua nova** |
| **Imbolgh** | 1° de agosto | 1° de fevereiro | **Lua crescente** |
| **Beltane** | 1° de novembro | 1° de maio | **Lua cheia** |
| **Lughnasadh** | 1° de fevereiro | 1° de agosto | **Lua minguante** |

Nosso ano e mês iniciam-se na fase escura e de recolhimento, **Samhain** e **Lua Nova.** É quando encontramos maior introspecção e assuntos relacionados à nossa intimidade, família e ancestralidade costumam surgir mais fortemente. Proteção, limpeza, purificação e conexão espiritual são os pedidos adequados para este momento.

Se você busca o despertar, aumento de força e energia, e até mesmo cura, sem dúvida o momento certo para o seu encantamento será durante a **Lua Crescente** ou o **Imbolgh.**

Entretanto, se você busca explosão de energia, libertações e melhorar relações sociais, reforçar proteções e se limpar de energias negativas, encontrará na **Lua Cheia** e no **Beltane** os pontos de ancoramento necessários.

Na Lua **Minguante** e o **Lughnasadh**, as energias são ótimas para negócios, compras e vendas, prosperidade, estudos e tudo o que se relaciona às batalhas diárias.

---

Como expliquei anteriormente, esse é um esquema que visa recriar um cenário de práticas lunares baseadas no que observamos da cultura céltica, embora saibamos das possíveis diferenças com o que você conhece dos cultos lunares comuns ao neopaganismo.

Conquanto decida seguir um esquema mais popular de simbologia lunar, o uso de sua energia seguirá o mesmo modelo citado acima.

Recebendo as bênçãos da Lua ao recitar as Preces Lunares.

## Preces lunares

A Lua cumpre papel bastante relevante em nossa Tradição, figurando entre os elementos essenciais. Foi com ela que tivemos o primeiro contato, em grupo e individualmente.

Ela nos guia em muitos momentos importantes e foi testemunha de alguns dos instantes mais sagrados que pude compartilhar durante minha vida.

Não há uma divindade associada à Lua diretamente, mesmo assim, não temos como evitar sua magia e energia. As preces que apresento nas próximas páginas possibilitarão contato razoavelmente diferente do que você pode ter feito até hoje. Uma nova abordagem será algo muito interessante e com certeza abrirá portas ainda inexploradas.

## Prece para a Lua

Essa prece pode ser aplicada de forma genérica para qualquer uma das fases lunares ou para qualquer trabalho mágico envolvendo essa energia, e foi até musicada por alguns praticantes. Você pode fazer o mesmo com essa ou com qualquer outra prece deste livro.

### 35. Prece para a Lua

*"Vejo ao longe subindo no céu*
*Aquela de prata que sabe brilhar*
*Lua, Lua teu gosto é de mel*
*Lua, Lua de doce olhar*
*Lua, Lua teu gosto é de mel*
*Lua, Lua de doce olhar*
*Sinto sua força no meu coração*
*Magia potente que para o ar*
*Torce a vida enterra no chão*
*Joga bem alto e afunda no mar*
*Lua, Lua retira teu véu*
*Lua, Lua não pode esperar*
*Lua, Lua retira teu véu*
*Lua, Lua não pode esperar."*

## Prece para a Lua Nova

### 36. Prece para a Lua Nova

*"Lua oculta e sagrada*
*Donzela da noite oculta*
*Preciosidade sagrada*
*Força do fim*
*Força do início*
*Força do recomeço*
*Lua negra que inunda o céu*
*Sinto tua presença por trás das brumas*
*Tua força se derrama dentro de mim*
*Lua dos Antepassados*
*Torna-te parte aqui."*

## 37. Prece para a Lua Crescente

*"Foice de prata em céu estrelado*
*Lua de graças saindo do véu*
*Energia que brota de solo gelado*
*Protege e cura quem peregrina*
*Força que transborda*
*Força que inunda*
*Seu brilho que chega*
*Trazendo-me esperança*
*Leva-me adiante naquilo que busco*
*Lua dos brotos que acordam*
*Torna-se parte aqui."*

## 38. Prece para a Lua Cheia

*"Rio de prata que escorre do céu*
*Lava meu corpo*
*E minha alma com teu encanto*
*Magia sagrada*
*Do doce luar*
*Levanto minha voz para me consagrar*
*Cheia de vida adiante no céu*
*Guia-me na estrada que se inicia*
*Lua de fogo que se levanta*
*Lua de gelo que se deita*
*Purifica meu ser*
*Eterniza minha memória."*

# Prece para a Lua Minguante

## 39. Prece para a Lua Minguante

*"Hoje deito-me sob tua força*
*Hoje busco paz após a jornada*
*Hoje agradeço a colheita*
*Hoje busco abundância*
*Lua que míngua em forma*
*Lua que emana crescimento*
*Não temo a aproximação do fim do ciclo*
*Não temo nada diante de ti*
*De agora a frente*
*Baixo meus olhos para ver*
*Busco na trilha as pedras."*

## Criando seu encantamento lunar

Realize um levantamento do que é seu desejo no momento, busque alguma reza ou prece neste livro ou elabore uma oração.

Coloque todos os elementos necessários à concretização da sua vontade e alinhave-os utilizando rimas. Aliás, nunca se esqueça delas, pois são os gatilhos perfeitos para manter o ritmo interessante e poderoso do encantamento.

No poente (ou nascente) do dia em que a Lua certa estiver entrando:

> Posicione-se em direção ao leste;
> Erga suas mãos bem alto com as palmas voltadas para fora;
> Respire profundamente três vezes, sinta a brisa noturna entrar em seu corpo;
> Diga seu encanto, repetindo três ou nove vezes.

Em silêncio, perceba a energia da Lua preenchendo o espaço à sua volta e percorrendo seu corpo. Essa energia se aproxima pelas palmas de suas mãos e sobe lentamente pelos seus braços até atingir seu peito.

Feito isso, a vibração se alastrará em todas as direções, renovando suas forças e atraindo o que pediu para perto de você, possibilitando a intensificação da magia.

Busque criar encantamentos curtos para que consiga memorizá-los. Não serão necessárias mais do que três linhas para obter efeitos incríveis.

Observe um exemplo de encantamento lunar com rima.

"Nathair quer aumentar seus rendimentos financeiros através de seu trabalho:

*'Venha, venha riqueza*
*Anda logo sem lerdeza*
*Enche de dinheiro meu trabalho*
*Sendo mais forte que o carvalho.'"*

Repare que o elemento central do encantamento "riqueza", contrapõe-se ao que se pretende evitar: "lerdeza". Também há a fonte de onde deverá sair o objetivo, no caso, o "trabalho", e sua aproximação com um símbolo de força, ancestralidade e poder, o "carvalho".

Procure elencar algumas palavras-chave para compor suas rimas, as quais devem sempre ser claras e objetivas não porque o cosmo seja incapaz de compreender a sutileza, mas porque nosso cérebro funciona melhor com elementos objetivos, organiza-se e foca mais em coisas "menores". Portanto, utilize essa característica a seu favor, pois a magia, antes de mais nada, age em nós e depois no restante.

Capítulo 12

# Preces para os Festivais Celtas

Chamamos de Festivais aquelas celebrações célticas originárias do que hoje é a Irlanda. São esses os Festivais (veja as datas no Capítulo 11 "Preces Lunares"):

**Samhain** - *Noite dos Antepassados;*
**Imbolgh** - *Celebração das Luzes;*
**Beltane** - *Fogos Sagrados;*
**Lughnasadh** - *Jogos da Colheita.*

Essas celebrações eram comunitárias e familiares, uma oportunidade de compartilhar, negociar e travar todo o tipo de envolvimento social necessário.

Fazem parte do calendário de muitos praticantes neopagãos, mas seus significados foram sendo deturpados com o tempo e o uso, inclusive através de traduções malfeitas de livros estrangeiros.

Apresentarei um panorama bastante genérico e resumido a respeito do que cada um deles significa em seu contexto social e religioso.

## Samhain

Para nós é o ano novo, o marco do momento escuro do ano, o fim e o início de um ciclo que chamamos de Grande Espiral. No entanto, não há nenhum indício claro sobre o fato dos celtas o considerarem como seu ano novo, sendo esta uma prática que entendemos como moderna e a adotamos.

Representava o momento do inverno céltico, quando as famílias permaneciam em suas casas, ocupadas com questões de segurança e saúde, ocasião na qual podiam, inclusive, parar para organizarem-se enquanto indivíduos. Era uma época muito difícil, pois o frio trazia a fome e a morte.

Samhain é quando nos voltamos para dentro e podemos confrontar tudo que encontramos em nosso interior.

Na TDW da qual faço parte, chamamos esse Festival de **"Noite dos Antepassados"**, momento em que contatamos nossa ancestralidade e a memória daqueles que já partiram.

### 40. Prece para Samhain

*"Um tempo fora do tempo*
*Um lugar que não pertence*
*É chegada a Noite dos Antepassados*
*Momento de reflexão e profundidade*
*Samhain dos antigos*
*Memória dos Antepassados*
*Que seja completo o ciclo*
*Que seja plena a purificação*
*Nesse dia encontro-me com o passado*
*E busco o futuro*
*Olhando para trás é que chego adiante*
*Meus ancestrais comigo*
*Os Deuses comigo*
*Os espíritos comigo*
*Que eu possa perceber perigos*
*Que eu possa dissolvê-los*
*Que possa desviar do inimigo*
*Que caiam os muros que me seguram*
*É chegado o fim do ciclo*
*É chegado o início do ciclo."*

## Imbolgh

Nesse período, a terra começa a se preparar para receber mais luz e calor, sendo o início de dias e noites amenos e convidativos.

Os celtas ainda não saíam completamente de suas rotinas domésticas, mas já conseguiam interagir com a comunidade.

Nessa época, mantemos muitos hábitos relacionados à purificação das energias invernais, ao movimento em direção à cura e a preparação para as noites quentes.

O Imbolgh é a esperança, o Sol entre as nuvens, é o coração aquecido pelo amor, a renovação após a introspecção.

Em nossa Tradição, chamamos este momento de **"Celebração das Luzes"**, primeiro porque já percebemos a presença mais evidente do Sol e da Lua no céu mais limpo, e segundo por conta das velas que acendemos em homenagem à Deusa Brighid, a quem costumamos homenagear.

### 41. Prece para Imbolgh

*"Banho-me no leite e no mel*
*Enquanto me purifico*
*Enquanto desperto*
*Banho-me na cerveja e no vinho*
*Enquanto deixo as frias noites*
*Enquanto sinto a brisa morna chegando*

*Banho-me na chuva que Brighid traz*
*Enquanto a luz desperta*
*Enquanto a terra aparece abaixo dos meus pés*

*Que eu tenha sua força, Senhora da Forja*
*Que eu tenha seu vigor, Senhora da Cura*
*Que eu tenha sua sabedoria, Senhora da Poesia."*

## Beltane

Dos quatro festivais, certamente este é o que mais carrega sentido deturpado.

Foi largamente associado a um hipotético "casamento divino" céltico que nunca existiu, à sexualidade (que embora esteja presente, não é exclusividade do mesmo), alguns arriscam chamá-lo de "dia dos namorados céltico", uma graça, mas sem nenhum fundamento mitológico ou folclórico.

O Beltane era o período em que os Celtas podiam sair de suas casas para conduzir seus rebanhos às pastagens em locais onde a Natureza mostrava sinais do verão, símbolo mais expressivo do Festival.

Grandes fogueiras eram acesas para a purificação final e definitiva das energias do inverno através de sua fumaça.

Hoje, recriamos esse ato e passamos por entre as chamas para obtermos limpeza e proteção nessa nova fase que se inicia.

Ao contrário do Samhain, no qual as famílias se recolhiam em suas casas e a comunidade se distanciava, no Beltane observa-se o movimento oposto. As famílias acabam por se afastar devido a quantidade de trabalho a ser realizado como o plantio, os cuidados com os rebanhos e todas as outras obrigações típicas dessa estação.

Na TDW, renomeamos esse Festival de **"Fogos Sagrados"** em alusão ao poder solar crescente e ao hábito das fogueiras.

### 42. Prece para Beltane

*"Ponho-me frente aos fogos sagrados*
*Meus pés tocam o chão quente*
*Que as chamas possam me purificar*
*Consagrando minha jornada*
*A terra que plena acorda*
*Abre à minha frente um caminho*
*Sigo sem medo*
*Sigo sem dúvida*
*Minha é a promessa*
*Minhas são as sementes*
*Meu rebanho seguirá seguro*
*Minha morada seguirá a salvo*
*De todo mal e todo veneno*
*Que o fogo transforme aqueles que precisam*
*Que o fogo aqueça quem for de mérito*
*Fogo que toca o céu e que vai fundo no chão."*

## Lughnasadh

Festival repleto de energia, fundado por Lugh em homenagem à sua mãe Tailtiu.

Era um momento comunitário intenso quando o comércio e todas as negociações ocorriam, período de muita interação social, inclusive para casamentos.

Lughnasadh marca a preparação para o ciclo mais escuro que terá seu ponto médio no Samhain. Este é o momento de cercar-se de pedidos de prosperidade, abundância e sucesso.

Nós o chamamos de **"Jogos da Colheita"**, indicando que marca o início das colheitas e de todas as responsabilidades e benefícios que trarão.

### 43. Prece para Lughnasadh

*"É chegado o momento da colheita*
*Pegarei aquilo que me for de direito*
*Distribuirei aquilo que for possível*
*Que a abundância faça-me completo*
*Que a prosperidade chegue ao meu lar*
*Que eu saiba receber*
*Que eu saiba compartilhar*
*Sou a semente que desponta*
*Sou o grão que se abre*
*Sou aquele cuja mão desliza no campo*
*Sou aquele que saboreia o doce da fruta*
*E o amargo da raiz*
*Sou completo para quem sabe ver*
*Sou uma migalha a ser recolhida*
*Sou e estou em harmonia com a terra*
*Sou e estou em sintonia com meu povo."*

# Capítulo 13
# Deuses e Deusas Celtas e Suas Preces

O trabalho devocional envolvendo os Deuses e Deusas da espiritualidade celtica são de vital importância para a manutenção de nossas energias e forças. Nossas divindades interagem conosco à medida que solicitamos seu auxílio, portanto, se desejarmos maior ou menor presença de determinada energia em nossas vidas podemos nos beneficiar das forças sagradas dos deuses.

O ideal é que conheça a divindade à qual fará suas preces, pesquise sobre ela, busque no folclore e na mitologia, converse com pessoas que já tenham travado contato anterior e nunca se esqueça: crie vínculos, eles serão necessários para manter uma relação saudável com o divino.

Pense: se tivesse que escolher entre emprestar uma alta quantia de dinheiro para uma entre duas pessoas, sendo uma totalmente desconhecida e a outra uma amiga muito querida de sua infância com quem mantivesse relações, para quem emprestaria? Certamente para aquela pessoa cujas necessidades você conhece, com quem já tenha uma história e afinidade; você emprestaria para sua amiga. Nunca bata à porta de um deus ou de uma deusa somente para pedir, pois não criará uma relação saudável.

Escolhi algumas divindades especiais que são parte em maior ou menor grau do meu próprio culto doméstico, para que possa a elas recorrer e cultivar amizade. Importante lembrar que em se tratando de Deuses Celtas, não há uma "tabelinha" de correspondências como se costuma ver por aí, pois são absolutamente complexos e possuem energias múltiplas, assim como nós não podemos ser classificados de uma única forma, isto é, exatamente como nós, os Deuses Celtas são mais do que meros títulos ou características. Segue breve resumo quanto às forças que envolvem as divindades celtas selecionadas:

Honrando os deuses celtas.

## A Deusa Brighid

Brighid é uma divindade tripla tipicamente céltica, associada ao lar, aos rebanhos de gado, ao trabalho doméstico, à gestação e à cura. Cada uma das irmãs – que ao mesmo tempo são a mesma pessoa, é responsável por determinado trabalho: Curandeira, Ferreira e Poetisa.

A **Ferreira** é aquela que transforma e queima, é o remédio amargo e o calor ardente da brasa do carvão. Molda pedra em ferro e ferro em espada, tem sua lâmina afiada e é responsável por nos amadurecer na forja, tornando-nos guerreiros e guerreiras.

A **Poetisa** embala nossos sonhos e alimenta nossa criatividade, é a voz que nos orienta em momentos de dúvida. É uma conselheira e guia nos eventos mais inesperados, lembrando-nos de nossa ancestralidade e conduzindo-nos em jornadas épicas.

A **Curandeira** recolhe-nos do chão, sopra-nos o alívio para a dor e a angústia, aquece nossas almas com esperança, mostrando o caminho para a solução sempre. É, também, a guia em direção ao descanso final, já que cabe a quem cura o dom de abrir as portas do Outro Mundo.

Tudo o que necessitar de cura estará seguro nas mãos de Brighid.

### Três Preces Brighidianas

#### 44. Deusa Brighid Curandeira

*"Brighid, Senhora do Fogo da Cura*
*Aquela que seca feridas*
*Que limpa a mente e aquece o coração*
*Brighid, Senhora do Fogo da Cura*
*Aquela que acalenta os enfermos*
*Que apazigua a doença e nos mantém protegidos*
*Olhe por mim, pelos meus*
*E por aqueles que chamam teu nome*
*Deita tua poção sobre aqueles que necessitam".*

## 45. Deusa Brighid Poetisa

*"Brighid, Senhora do Fogo da Inspiração*
*Aquela que alimenta o saber dos sábios*
*Que ilumina a escuridão da noite*
*Brighid, Senhora do Fogo da Inspiração*
*Aquela que mostra a solução no horizonte com sua luz resplandecente*
*Olhe por mim, pelos meus*
*E por aqueles que chamam teu nome*
*Canta tua poesia a todos que podem ouvir tua voz."*

## 46. Deusa Brighid Ferreira

*"Brighid, Senhora do Fogo que Transforma*
*Aquela que transmuta ferro em espada*
*Que cria a ponta da lança*
*Brighid, Senhora do Fogo que Transforma*
*Aquela que aquece a oficina*
*E amolece a mais dura pedra*
*Olhe por mim, pelos meus*
*E por aqueles que chamam teu nome*
*Transforma o ser e afia a lâmina."*

## A Deusa Flidais

Trata-se de uma deusa selvagem, associada à vida nos bosques mais profundos. Flidais, bela e forte, sempre poderá auxiliá-lo em questões relacionadas à prosperidade e à família.

A relação dela com os animais também possibilita a conexão com os animais de estimação, no caso de cura, por exemplo.

### 47. Prece a Flidais

*"Flidais de longos cabelos*
*Vegetação espessa e bela*
*Ouço fundo em minha alma o som*
*Ritmado dos cascos de seu rebanho*

*Dança conosco nesta noite mágica*
*Flidais que se derrama*
*Flidais que o povo proclama*
*Te chamamos em nosso rito*
*Recebe nossa oferta*
*Alimenta-nos com o leite sagrado que jorra eterno das tetas de Maol*

*Tu, mulher e Deusa*
*Senhora daquilo que é selvagem*
*Senhora daquilo que é selvagem*
*Água fresca que sacia a sede do grande Fergus*

*Ansiosas tuas coxas trêmulas*
*Vibrantes sete punhos do gigante*
*Derrama leite em abundância neste manancial*
*As patas do teu gado*
*Tua face em transformação*

*Meu sangue flui quente*
*Quente como tua mão."*

## A Deusa Morrighan

Morrighan é uma deusa extremamente complexa e deve-se ter cuidado na aproximação. Da mesma forma como não fazemos carinho em um leão selvagem por mais lindo que seja, não devemos chegar afoitos até Morrighan.

Está associada às batalhas, aos campos de guerra, à força guerreira e aos processos iniciáticos. Causas judiciais, embates e duelos são assuntos afetos à deusa Morrighan, e quando precisar se defender, entoe sua prece.

### 48. Prece a Morrighan

*"Senhora dos corvos*
*Mulher da batalha*
*Senhora da vida e da morte*
*Guia-me em minhas guerras diárias*
*Dê-me forças de enfrentamento*
*Ainda que contra muros de pedra*
*Ainda que contra maremotos*
*Ainda que contra aquilo que creio*
*Que meus olhos possam ver além*
*Como os teus*
*Que minhas pernas corram tão rápido*
*Quanto as tuas*
*Que a força do inimigo*
*Deslize em minha pele e não me cause mal*
*Pelas forças do lobo, da enguia e do corvo*
*Pela ancestralidade de teu cabelo alvo*
*Pela força da transformação*
*Empresta-me tua força."*

## O Deus Lugh

Lugh é um deus incrível e de fácil interação. Em seu mito lhe são atribuídos inúmeros dons, e pode ser útil em uma infinidade de situações, desde prosperidade até questões tecnológicas, uma vez que sua mitologia está associada à criação de técnicas agrícolas e de plantio.

Além disso, Lugh é guerreiro e poderá interferir para sua proteção e cuidado quando solicitado, desde que haja merecimento por parte de quem pede.

### 49. Prece a Lugh

*"Posiciono-me diante*
*Daquele de muitas batalhas*
*Daquele de muitas habilidades*
*Daquele cuja mão queima como a luz do Sol*

*Que eu possa receber tua radiante presença*
*Que eu possa ser capaz de te perceber em meus dias*
*Que eu possa vislumbrar tua força*
*Hoje e a cada dia*
*Da manhã à noite*

*Guia-me no trabalho*
*Guia-me em escolhas acertadas*
*Guia-me para o meu melhor*
*Hoje e a cada dia*
*Da manhã à noite."*

## O Deus Manannan

Associado ao mar e, consequentemente, ao Outro Mundo, "guarda" a passagem e nos permite nos conectarmos com nossos Ancestrais.

Manannan nos alimenta, nos ensina e nos protege, portanto, recorra a ele quando sentir a necessidade de um pai, um orientador ou um mantenedor.

Cante sua prece sob a chuva ou dentro d'água para potencializar os efeitos.

### 50. Prece a Manannan

*"Senhor das ondas*
*Homem do mar*
*Tua barca sagrada*
*Tua montaria radiante*
*Sejam minhas*
*Tua serenidade*
*Seja minha*
*Que eu tenha forças*
*Como as tuas*
*Para quebrar ondas contra mim*
*Para contornar ventos contra mim*
*Que eu encontre o mar da vida*
*Sereno*
*Espelhado*
*Em um céu limpo e sem nuvens*
*E que ao chegar a tempestade*
*Minhas velas e meu leme*
*Tenham tua mão para ajudar."*

## O Deus Dagda

Algumas das habilidades de Dagda são o controle sobre o tempo, conceder fartura e a extrema força em batalha. É insaciável em muitos aspectos e agradável ao contato.

Recorra a ele quando precisar daquela força extra em suas batalhas diárias e nos desafios impostos pela sociedade, busque nele a energia adicional que precisa, e não se esqueça de devolver boas oferendas em agradecimento.

### 51. Prece a Dagda

*"Hoje busco a fonte*
*O princípio*
*A resolução*
*Busco no teu caldeirão*
*Transformação*
*Abundância*
*E vida*

*Sejam insaciáveis*
*Minha força*
*Minha sabedoria*
*Minha energia*
*Sejam gloriosos*
*Meu caminho*
*Minha honra*
*Minha memória*

*Senhor da harpa dos tempos*
*Que haja movimento*
*Que haja continuidade*
*Que haja permanência."*

Capítulo 14

# Preces de passagem

Os ritos de passagem são momentos muito especiais na vida de uma pessoa. Tudo começa no nascimento, encaminha-se para a puberdade, a maturidade, o envelhecimento e o estágio final, a morte. Todos os povos, em todo o mundo e durante toda a nossa história, mantinham (e mantêm) poderosos ritos, tanto para homens como para mulheres.

Tornar-se pai ou mãe, menstruar ou partir para o outro plano são coisas que nenhuma religião no mundo foi capaz de ignorar.

Nossa sociedade não percebe tais momentos com a devida seriedade e sacralidade, cabendo a nós, individualmente, tornar estes aspectos sagrados em nossa jornada.

Você pode recitar as preces a seguir aplicadas a seus próprios ritos de passagem ou, então, recitá-las para outras pessoas próximas a você.

Sempre que aplicar essas preces na vida de outras pessoas, é importante saber exatamente o que está fazendo. Esteja com a mente alinhada ao propósito do rito, vista roupas leves e confortáveis, de cores claras e sóbrias para que não interfira no processo energético.

## Prece para nascimento

Faça essa prece na presença dos pais em um dia de Sol, preferencialmente pela manhã. Eu, por exemplo, jamais pratico este rito a noite.

Não sendo possível, pode ser realizado na presença da mãe ou do pai individualmente. Enquanto recita a prece, segure a criança e eleve-a delicadamente em direção ao céu.

### 52. Prece para nascimento

*"Recebam os Deuses .......... (nome da criança)*
*Recebam os Espíritos ....... (nome da criança)*
*Recebam os Ancestrais .....( nome da criança)*
*Que as forças do acima lhe deem iluminação*
*Que as forças do abaixo lhe deem prosperidade*
*Que as forças do meio lhe sirvam de guia*
*Que a serenidade esteja em teus lábios*
*Que a honra esteja em teus atos*
*Que a sabedoria esteja em tuas escolhas*

*Diante da tribo te recebemos*
*Diante da tribo te honramos*
*Que a próxima passagem para o Outro Mundo seja distante e depois de tudo cumprido*

*Seja bem vindo (a) ....... (nome da criança)"*

## Menarca[3]

Você pode fazer essa prece na noite em que tiver sua primeira menstruação, ou pode fazê-la para uma amiga, filha ou qualquer mulher com quem tenha alguma intimidade, bastando para isso, substituir as palavras em primeira pessoa para a terceira.

Se já teve sua menarca há algum tempo, não importa quanto, escolha uma noite de Lua nova, associada ao Samhain e ao recolhimento, providencie algumas oferendas (pode optar por elementos de cor vermelha, como vinho, por exemplo) e deixe em algum lugar que tenha terra disponível enquanto recita a prece, inclusive um vaso com planta em sua casa.

Tive a honra de poder realizar o rito de menarca da minha irmã na exata noite de sua primeira menstruação, como homem participei somente de parte do rito. Foi uma das experiências mais lindas que já vivenciei.

### 53. Prece para menarca

*"O sangue toca a terra*
*Alinhando-me com minhas ancestrais*
*Mulheres da tribo antiga*
*Que andaram nessa jornada*
*Orientaram-me enquanto menina*
*Recebam-me como soberania*

*Minha infância, como a doce manhã*
*Minha maturidade, como uma cálida tarde*
*Agora poderei vestir minha armadura*
*Agora poderei portar uma espada*
*Agora estou pronta para todas as guerras*

*Posso ser aquilo que quiser*
*Ou ir tão longe quanto puder*
*Todas as mulheres sou eu*
*Eu sou todas as mulheres*
*Antigas, Sábias, Plenas*
*Terra ancestral, receba meu sangue*
*Alimente meu corpo, nutra minha alma*
*Acordei menina, dormirei mulher."*

## Semenarca[4]

Esse rito de passagem masculino é menos popular, mas não menos sagrado. A semenarca pode ocorrer durante o sono (conhecida como polução noturna) ou após estímulos sexuais durante o descobrimento do próprio corpo.

Você pode realizar essa prece ritualisticamente após a primeira ejaculação, no mesmo dia ou o mais próximo possível.

Se a semenarca já tiver ocorrido há algum tempo, não há problema, você ainda pode sacralizar sua maturidade sexual, bastando providenciar algumas oferendas (pode escolher elementos na cor branca, em alusão ao esperma) e depositá-las na terra enquanto recita a prece, exatamente como no caso das meninas na menarca.

### 54. Prece para semenarca

*"Hoje alinho-me com meus ancestrais*
*Homens da tribo antiga*
*Que andaram nessa jornada*
*Orientaram-me enquanto menino*
*Recebam-me como homem*

*Minha infância, como a doce manhã*
*Minha maturidade, como uma cálida tarde*
*Agora poderei vestir minha armadura*
*Agora poderei portar uma espada*
*Agora estou pronto para todas as guerras*

*Posso ser aquilo que quiser*
*Ou ir tão longe puder*
*Todos os homens sou eu*
*Eu sou todos os homens Antigos, Sábios, Plenos*
*Terra ancestral, receba minha semente*
*Alimente meu corpo, nutra minha alma*
*Acordei menino, dormirei um homem."*

## Menopausa[5]

Após a última menstruação, a mulher entra no período do climatério, e em seguida, ocorrerá a menopausa.

Se este é o seu caso, ou de alguém que conheça, recite essa prece numa noite de Lua minguante, associada ao Lughnasadh e ao período de colheitas.

Você pode recolher alguns símbolos de sua vida até o momento e fazer uma oferta para o novo ciclo que se inicia. Qualquer coisa que faça sentido para você servirá como oferenda adequada.

A partir de agora seu corpo e sua mente terão novo ritmo e novos focos, prepare-se para essa jornada. Se isso já aconteceu, é possível fazer a prece da mesma maneira. Não deixe de sacralizar seu ciclo e o fim de sua menstruação.

### 55. Prece para menopausa

*"Muitas estradas meus pés caminharam*
*Muitas aventuras meu corpo viveu*
*De fogo que arde e queima*
*Torno-me o fogo que aquece e cura*

*Dou mais um passo na vida que tenho*
*Como tantos antes foram dados*
*Uma curva na estrada adiante*
*Que sigo adiante e tenho*
*Junto-me às sábias*
*Torno-me o antigo portal*
*Fui mãe de muitas conquistas*
*Sou avó de muitas vidas*

*A força que antes nutria*
*Agora é a luz que orienta*
*Os pés que antes corriam*
*Agora são a dança que embala*
*Os olhos curiosos de antes*
*Fitam plenos o todo."*

## Andropausa[6]

Novamente, esse ciclo masculino é mais difícil de perceber e é comum os homens sequer notarem o início de sua andropausa, versão masculina da menopausa.

Proceda como no caso da menopausa, recite essa prece numa noite de Lua minguante, recolha alguns símbolos que signifiquem algo a respeito da vida que teve até o momento. Para saber se a oferenda está certa, basta que faça sentido para sua história.

### 56. Prece para andropausa

*"Muitas estradas meus pés caminharam*
*Muitas aventuras meu corpo viveu*
*De fogo que arde e queima*
*Torno-me o fogo que aquece e cura*

*Dou mais um passo na vida que tenho*
*Como tantos antes foram dados*
*Uma curva na estrada adiante*
*Que sigo adiante e tendo*
*Junto-me aos sábios*
*Torno-me o antigo portal*
*Fui pai de muitas conquistas*
*Sou avô de muitas vidas*

*A força que antes nutria*
*Agora é a luz que orienta*
*Os pés que antes corriam*
*Agora são a dança que embala*
*Os olhos curiosos de antes*
*Fitam plenos o todo."*

## Repouso

Essa prece deve ser recitada após a morte de alguém importante em sua vida, tanto com corpo presente durante o velório, por exemplo, como após os ritos fúnebres usuais, ou até mesmo quando já estiver em sua casa.

Independentemente de onde e como será feita pela primeira vez, deve ser repetida por mais oito dias, completando assim um ciclo de nove dias, um para cada onda do mar. Para nós, o Outro Mundo fica simbolicamente além da nona onda.

### 57. Prece para o repouso

*"O barco de ........(nome da pessoa)*
*Navega além de nove ondas*
*Num mar que se descortina no horizonte*
*No santuário dos Ancestrais*
*(nome da pessoa) realiza sua última jornada deste ciclo*
*Retornando para sua terra de origem*
*Em uma roda que sempre gira*
*Nada é perpétuo*
*(nome da pessoa) não nos deixa sós*
*Ficam as memórias*
*Ficam os feitos*
*Fica sua presença a cada Samhain*
*Fica sua partilha a cada conquista*
*Fica parte do todo que foi*
*A primeira onda com lágrimas*
*A segunda onda com luto*
*A terceira onda com saudade*
*A quarta onda com memória*
*A quinta onda com renovação*
*A sexta onda com um aceno*
*A sétima onda com conforto*
*A oitava onda com acalento*
*A nona onda com a despedida*
*Em uma roda que sempre gira*
*Tudo que chega se vai*
*Tudo que parte retorna*
*Até a próxima aventura (nome da pessoa)."*

Capítulo 15

# Ritual para conexão com as energias cósmicas

Para encerrar esta obra, ofereço um exemplo de ritual completo da TDW, para facilitar a criação e prática dos rituais celtas, bem como para demonstrar em que momento e como as preces são aplicadas.

### I

Sente-se confortavelmente, respire profundamente por três vezes. Acenda uma vela e caso queira utilize incensos (qualquer um de sua preferência). Sinta o ambiente à sua volta. Recite a Prece de Abertura:

*"Diante das forças deste mundo*
*Diante de mim*
*Diante de tudo aquilo que me circunda*
*Diante dos meus Antepassados*
*Dos meus Deuses e Deusas*
*Diante dos Espíritos*
*Coloco-me em plenitude*
*Chamo forças maiores e mais antigas que eu*
*Para que possamos nos conectar."*

## 2

Recite a "Primeira prece Waloniana" por três vezes:

### 58. Primeira prece Waloniana

*"Levanto minha voz em sagrado canto*
*Ao quatro que nos é santo*
*Daqui ao acima, ao abaixo e ao centro*
*pois minha alma vem de dentro*
*Corpo, alma e energia*
*Terra, céu e mar*
*Antigos, eternos e perenes*
*Levanto minha voz em sagrado canto*
*Ao quatro que nos é santo*
*Daqui ao acima, ao abaixo e ao centro*
*pois minha alma vem de dentro*
*Sou um/uma na trilha antiga da velha jornada*
*E repito esta prece que é sempre cantada."*

## 3

Com os olhos fechados, imagine-se em um campo alto com vista ao longe para o mar e o céu azul acima. No meio deste campo, próximo a uma árvore há um ovo verde translúcido do seu tamanho flutuando próximo ao chão.

Recite a prece "29. Prece aos Três Reinos". Erga as mãos em direção ao céu e diga:

*"Eu chamo e me desperto*
*Eu me abro para os Reinos*
*Aqueles acima, aqueles do Sol e da Lua*
*Aqueles das estrelas que voam*
*Aqueles dos ares que planam*
*Aqueles além de minha cabeça*
*Que dançam entre as nuvens*
*Eu chamo e me uno ao Reino do Céu"*

**4**

Abaixe os braços em direção aos seus pés e repita:

*"Eu chamo e desperto*
*Eu me abro para os Reinos*
*Aqueles abaixo, aqueles das profundezas do mar*
*Aqueles das águas que mergulham e nadam*
*Aqueles das marés que deslizam nas ondas*
*Aqueles abaixo dos meus pés*
*Que vão fundo na escuridão*
*Eu chamo e me uno ao Reino do Mar"*

**5**

Posicione os braços esticados à frente na altura dos ombros e diga a seguinte prece:

*"Eu chamo e desperto*
*Eu me abro para os Reinos*
*Aqueles do meio, aqueles das estações*
*Aqueles das pedras que rastejam*
*Aqueles das estradas que andam*
*Aqueles diante de mim*
*Que pulam nas montanhas*
*Eu chamo e me uno ao Reino da Terra."*

**6**

Você sentirá algo através da sua intuição. O que as forças dos Reinos estão lhe transmitindo? Reflita sobre isso.

**7**

Escolha três tipos de grãos dentre aqueles citados como oferenda. Pegue um punhado de um deles, erga sua mão diante dos seus olhos e diga:

*"Sempre que meus pés andarem nessa trilha*
*Trilha antiga de uma longa jornada*
*Que eu possa sentir pulsar na teia da vida*
*A sabedoria daqueles que já foram*
*A força daqueles que são*
*A vitalidade daqueles que estão"*

## 8

Pegue um punhado do outro grão, erga sua mão diante dos seus olhos e diga:

*"A permanência dos Deuses e Deusas*
*Seja minha companheira*
*Renovando minha estada e meu ser*
*Que eu possa seguir o caminho*
*Levantando a memória e a honra*
*Um passado de quem já viveu e morreu"*

## 9

Pegue um punhado do terceiro grão, erga sua mão diante dos seus olhos e diga:

*"O meu redor, pleno de existência*
*Repleto de um todo imortal*
*Possa mostrar-se aos meus olhos*
*Possa tocar dentro de mim*
*E me transformar dia a dia*
*Passo a passo*
*Naquilo que hoje eu canto como memória*
*Serenidade, honra e sabedoria."*

Deixe os três pratos à sua frente até o final do ritual. Você poderá utilizá-los posteriormente em sua alimentação ou dispensá-los na terra.

## 10

Perante o cosmo, concentre-se ainda mais, respire profundamente novamente e recite a prece "26. Santuário da Alma":

*"Os Deuses e Espíritos se encarregam de mim*
*Forças gentis ao redor de mim*
*Meu corpo um santuário*
*Minha alma que o preenche*
*Feridas sejam secas*
*Dores sejam amenizadas*
*Curas sejam operadas*
*Deuses, rondem meu santuário hoje*
*Desde o nascer da Lua, ao raiar do Sol*
*A sagrada força ancestral*
*Abrange meu ser*
*Que seja plena minha jornada*
*Que seja suave meu navegar*
*Hoje encontro a cura*
*Daquilo que me atinge*
*O refúgio tranquilo em um mar de ondas*
*A estabilidade em uma terra que treme*
*A calmaria de um céu azul"*

## 11

Para encerrar o ritual, faça um agradecimento às Três Famílias pelo auxílio recebido e permaneça em silêncio pelo tempo que for possível para sentir todas as energias que despertou.

Caso deseje acrescentar alguma prece mais específica, escolha alguma desse livro e execute-a após recitar a "Santuário da Alma". Esse certamente será um momento muito poderoso e levará ao cosmo com maior rapidez suas intenções.

Anexo 1

# A Ordem Walonom

# A Ordem Walonom

Em 2001, alguns amigos e eu iniciamos um grupo de estudos motivados pela leitura que havíamos feito de "As Brumas de Avalon", de Marion Zimmer Bradley.

Nossa emoção e despertar ao lermos essa obra foi um divisor de águas, resultando no nascimento da Ordem Walonom que fundei e na qual atualmente sou Sacerdote-Chefe.

Nossa Ordem segue o paganismo céltico politeísta, tendo opções de dedicação ao público para as pessoas que queiram realizar uma jornada iniciática, ou podem simplesmente seguir de maneira congregacionista, algo inédito em nosso país.

Formamos sacerdotes e sacerdotisas, reverendos e reverendas baseados na fé céltica historicamente embasada. Conheça mais sobre o nosso trabalho através do site: walonom.org.

Brasão da Ordem Walonom, por Nathair Dorchadas.

Sacerdotes Nathair Dorchadas e Bébhinn Ruadhan realizando uma dança ritualística em um rito ao deus Manannan ao entardecer.

Créditos: Cris Boldrini.

Sacerdotisa Bébhinn Ruadhan realizando uma atividade com velas sagradas em uma celebração pública do ritual de Beltane em 2016

Créditos: Nathair Dorchadas

Detalhe do poço sagrado sendo preparado para a realização do ritual de Imbolc em 2017.

Créditos: Cris Boldrini.

Sacerdotisa Bébhinn Ruadhan fazendo oferendas para as Três Famílias em uma celebração pública do ritual de Beltane em 2017.

Créditos: Cris Boldrini.

Chamamento aos Três Reinos realizado pelas pessoas em círculo durante celebração pública do ritual de Samhain em 2017.

Créditos: Cris Boldrini.

Sacerdotes Nathair Dorchadas durante preparação da fogueira e Bébhinn Ruadhan organizando as oferendas em um ritual de Lughnasadh em 2018.

Créditos: Cris Boldrini.

Sacerdotes Nathair Dorchadas e Bébhinn Ruadhan despertando a energia do Reino da Terra durante a celebração do ritual de Lughnasadh em 2018.

Créditos: Cris Boldrini.

Sacerdotisa Bébhinn Ruadhan erguendo oferendas às Três Famílias durante um ritual realizado em meio à mata.

Créditos: Cris Boldrini.

Sacerdote Nathair Dorchadas chamando as energias do Reino do Céu durante celebração de um ritual em homenagem às divindades marinhas.

Créditos: Cris Boldrini.

Sacerdote Nathair Dorchadas chamando as energias do Reino do Mar durante celebração de um ritual em homenagem às divindades marinhas.

# Bibliografia

BARROS, Maria Nazareth Alvim de. *Uma Luz sobre Avalon: Celtas e Druidas*, 1ª edição, Mercuryo, São Paulo, 1994

CARMICHAEL, Alexander. *Carmina Gadelica: Hymns ans Incantations*, 1ª edição, Floris Books, Reino Unido, 1994

DORCHADAS, Nathair. *Crisálida: o livro das transformações*, 1ª edição, Walonom Ebooks, Porto Alegre, 2018

ELIADE, Mircea. *O sagrado e o Profano: a essência das religiões*, tradução Rogério Fernandes, 3ª edição, Martins Fontes, São Paulo, 2013

GASPAR, Eneida Duarte. *O Organismo Humano e os Ritmos da Natureza*, 1ª edição, Pallas, Rio de Janeiro, 1995

GREEN, Miranda. *Arte Celta*, tradução Pedro Piedras Monroy, 1ª edição, Akal, Espanha, 2007

JACOBS, Joseph. *Contos de Fadas Celtas*, tradução Inês A. Lohbauer, 1ª edição, Landy, São Paulo, 2002

*Mais Contos de Fadas Celtas*, tradução Vilma Maria da Silva, 1ª edição, Landy, São Paulo, 2006

KONDRATIEV, Alexei. *Rituales Celtas*, tradução Graciela Perillo, 1ª edição, Kier S. A, Argentina, 2001

KRUTA, Venceslas. *Os Celtas*, tradução Álvaro Cabral, 1ª edição, Martins Fontes, São Paulo, 1989

LAUNAY, Olivier. *A Civilização dos Celtas*, 1ª edição, Editions Ferni, Rio de Janeiro, 1978

LE ROUX, F. e GUYONVARC'H, C, J. *La Civilisation Celtique*, 1ª edição, Ogam-Celticum, Rennes, 1983

LÉOURIER, Christian. *Contos e Lendas da Mitologia Celta*, tradução Monica Stahel, 1ª edição, Martins Fontes, São Paulo, 2008

MARKALE, Jean. *Palabras Celtas*, 1ª edição, Ediciones B, Espanha, 1996

MAY, Pedro Pablo G. *Os Mitos Celtas*, tradução Maria Elisabete F. Abreu, 1ª edição, Angra, São Paulo, 2002

ROLLESTON, T. W. *Guia Ilustrado Mitologia Céltica*, tradução Maria José Figueiredo, 1ª edição, Estampa, Lisboa, 1993

SQUIRES, Charles. *Mitos e Lendas Celtas*, 3ª edição, tradução Gilson B. Soares, Nova Era, Rio de Janeiro, 2005

WOOD, Juliette. *O Livro Celta da Vida e da Morte: Deuses, Heróis, Druidas, Fadas, Terras Misteriosas e a Sabedoria dos Povos Celtas*, tradução Denise de C. Rocha Delela, 1ª edição, Pensamento, São Paulo, 2011

Nathair Dorchadas (nome conferido ao autor em gaélico o qual pronuncia-se 'Nárraj Dor-rradas', cujo significado equivale a "Serpente Negra"), nasceu em 10 de janeiro de 1988 em Lajeado-RS. Aos dez anos de idade, mudou-se para Porto Alegre, cidade onde reside e onde um mundo completamente novo se descortinou.

O autor iniciou seu contato com a magia, ainda em tenra idade, através de alguns livros, e em seguida, descobriu os povos celtas. Desde então, vem aprofundando seus conhecimentos sobre esses povos e sobre a Magia Celta, tanto na teoria quanto na prática.

Em 2001, criou um grupo de estudos que se tornaria o que é hoje a maior Ordem de politeísmo céltico do país, na qual atua como Sacerdote-Chefe – a Ordem Walonom.

Segundo o autor, a construção de sua própria identidade está intimamente relacionada a esse universo fantástico e sagrado que criou profundas raízes em sua vida. Oráculos, preces, magias e rituais são suas atividades normais e rotineiras, fazendo do seu sacerdócio de Curandeiro e Vidente nessa Ordem que revive os antigos passos mágicos, algo extremamente intenso e profícuo.

Atualmente, além de liderar a Ordem Walonom, realiza inúmeras atividades como cursos, oficinas, sessões de cura e atendimentos com oráculos.

Saiba mais sobre o autor, a Ordem Walonom, as práticas da Magia e entre em contato em:www.walonom.org.

Ogma
Books